Kulturelle Vielfalt

annehmen und gestalten

MIX
Papier aus verantwortungsvollen Quellen
FSC® C083411

www.herder.de

Layout, Satz und Gestaltung: Uwe Stohrer, Freiburg
Umschlagabbildung und Figuren auf Seite 3, 29, 61, 83: Matteo Zanolli
Fotos im Innenteil: Harald Neumann, Freiburg

Herstellung: Graspo CZ, Zlín
Printed in the Czech Republic

ISBN 978-3-451-34893-8

Nina Kölsch-Bunzen / Regine Morys / Christoph Knoblauch

Kulturelle Vielfalt

annehmen und gestalten

Eine Handreichung zur Umsetzung des Orientierungsplans
für Kindertageseinrichtungen
in Baden-Württemberg

HERDER
FREIBURG · BASEL · WIEN

Worte vorweg

Liebe Leserinnen und Leser,

jedes Kind ist einzigartig. Jedes Kind ist anders. Die Augen der Kinder erzählen uns etwas über ihre Stärke, über ihre Verletzlichkeit, über ihre Sehnsüchte und ihre Ängste, über ihre Freude und ihre Neugier. Jedes Kind – unabhängig von seiner Herkunft und Muttersprache – unabhängig davon, ob es von Geburt hier lebt, zugezogen ist oder auf der Flucht mit Familie oder unbegleitet zu uns gekommen ist, hat ein Recht auf unseren Schutz, unsere Zuwendung, auf Bildung, auf lebenslanges Lernen. Unsere Kitas sind reich an kultureller Vielfalt, an Potenzialen, an Kreativität, an Bildungsimpulsen.

Kinder müssen spüren, dass sie wahrgenommen werden, dass sie zählen, dass sie gefragt sind, dass sie gefragt werden. „Was will das Kind? Was braucht das Kind? Was kann das Kind? Wie erfährt es die Welt? Wie wird es ein Mitglied der Gemeinschaft? Wie wird man in Bildungs- und Erziehungsprozessen der unaufgebbaren Würde des Kindes gerecht?" Diese zentralen Fragen des Orientierungsplans sind eng verknüpft mit der Kinderrechtskonvention der Vereinten Nationen, in deren 54 Artikeln steht, was Kinder brauchen. Elementare Grundrechte der Kinder sind das Recht auf persönliche Entwicklung, auf Bildung, das Verbot der Diskriminierung und die Wahrnehmung der Interessen der Kinder sowie das Recht auf Beteiligung und Mitbestimmung. Im Orientierungsplan ist Demokratiebildung von Anfang an verankert.

Auf die pädagogischen Fachkräfte kommt es an. Ihre Einstellung, ihre Haltung, ihre Kompetenz und ihr Wertegerüst sind es, die zählen.

Auf Anregung des Kultusministeriums ist diese wertvolle Handreichung zum Orientierungsplan entstanden. Ich danke dem Autorenteam für die hervorragende Arbeit und dem Verlag Herder für die ansprechende Umsetzung. Ich danke aber auch den Kitas, die dem Wissenschaftlerteam die Türen geöffnet und von der Praxis erzählt haben, die erzählt haben, was die Praxis braucht. Ich danke allen, die kulturelle Vielfalt leben, gemeinsam gestalten und vertraue auf die achtsame Begleitung und Förderung aller Kinder und ihrer Familien. Die Handreichung hilft dabei.

Marion v. Wartenberg
Staatssekretärin des Ministeriums für Kultus, Jugend und Sport

Inhalt

Einführung

Zielsetzung und Relevanz

In der Lern- und Lebenswelt Kindertageseinrichtung erfahren Kinder täglich kulturelle Vielfalt in der Begegnung mit Fachkräften, Eltern und anderen Kindern. Dabei entwickelt sich die kindliche Vorstellungswelt durch intensive und aktive Konstruktions- und Interpretationsarbeit in der Interaktion mit anderen (vgl. Kultusministerium 2015, S. 23f). Das Kind und sein soziales Umfeld beeinflussen sich im Miteinander durch ihre Individualität und Vielfalt gegenseitig (vgl. Kultusministerium 2015, S. 47).
Doch auch die Fachkräfte sehen sich angesichts der kulturellen Vielfalt vor viele Handlungsanforderungen und Herausforderungen gestellt. Der Orientierungsplan für Kindertageseinrichtungen in Baden-Württemberg formuliert:

„Die pädagogische Fachkraft ist herausgefordert, die vorgefundene Vielfalt anzuerkennen, sie als Bereicherung zu verstehen (…)" Ministerium für Kultus, Jugend und Sport Baden-Württemberg (Kultusministerium) 2015, S. 48

Zentraler Ausgangspunkt für die Konzeption dieser Handreichung ist die Frage von Fachkräften danach, wie sie die Aussagen des Orientierungsplans für Kindertageseinrichtungen in Baden-Württemberg (Kultusministerium 2015) zur kulturellen Vielfalt verstehen und in ihrer Einrichtung umsetzen können. Wie kann es gelingen, Vielfalt anzuerkennen und als Bereicherung zu verstehen?
In einem von kultureller Vielfalt geprägten Alltag überlegen Fachkräfte der Frühpädagogik, Schüler_innen von Erzieher_innen-Fachschulen und Studierende der Kindheitspädagogik, wie Bildungshandeln in der Kindertageseinrichtung professionell vielfalts- und kultursensibel gestaltet werden kann. An diesen Personenkreis richtet sich die Handreichung, ebenso an interessierte Eltern und engagierte Bürgerinnen und Bürger, denen eine qualitativ hochwertige frühkindliche Bildung am Herzen liegt.
Dem Autor_innen-Team dieser Handreichung wurden in zahlreichen Kindertageseinrichtungen anlässlich von Hospitationen, Beratungssitzungen, Praxisbegleitungen und Forschungskooperationen vielerlei Fragen gestellt (vgl. hierzu auch die Fragen in der Einleitung zu Kapitel 2):

- Wie soll ich als Fachkraft pädagogisch angemessen reagieren, wenn ich angesichts von Vielfalt in der Kita mit meinen eigenen Normalitätsvorstellungen an meine Grenzen komme?
- Wie bereiten wir uns im Team vor, wenn wir ein Kind aus einer Familie im Asylverfahren aufnehmen werden? Wie können wir uns mit den Kindern darüber austauschen?
- Wie können wir mit eventuell kulturell bedingten Missverständnissen zwischen Fachkräften und Eltern positiv umgehen?
- Wie können wir Diskriminierung und Rassismus, die auch vor unserer Kita nicht haltmachen, entschlossen und fachlich versiert entgegentreten?

Für diese Handreichung wurden zehn Qualitätsmerkmale für eine vielfalts- und kultursensible Pädagogik aus Fragen der Praxis heraus theoriegestützt entwickelt. Jedes Qualitätsmerkmal wird in dieser Handreichung mit einem Denkanstoß in Form einer Fallsituation aus der Alltagspraxis eingeleitet, anhand der das fachliche Handeln reflektiert und gut verständlich theoretisch eingeordnet wird. Daran schließen sich jeweils konkrete Anregungen und weitergehende Hinweise an. Ziel ist es, die Kindertageseinrichtungen zu ermutigen, das bereits vorhandene Wissen und Können anzuwenden und mit Freude weiterzuentwickeln. So kann der fachlich professionelle Umgang mit kultureller Vielfalt nicht nur als Herausforderung, sondern als bereichernde Bildungsgelegenheit für alle – Kinder, Eltern und die Fachkräfte – erlebt werden, indem der Blick erweitert und das Zutrauen in kreative Lösungsmöglichkeiten vor Ort gesteigert wird.

Besonders gewinnbringend ist diese Handreichung dadurch, dass in ihr wissenschaftlich und theoretisch fundiert eine gut verständliche und praxisnahe Einführung in die komplexe Thematik vorgenommen wird. Sie ist so angelegt, dass sie zum Nachdenken und zur Diskussion anregt und Impulse für die Erweiterung der eigenen Handlungsmöglichkeiten gibt. Grundlegende Fragen, Probleme und Chancen werden anhand der konkreten Realität in Kindertageseinrichtungen besprochen. Die alltägliche, kreative und engagierte Arbeit pädagogischer Fachkräfte wird dabei als Ausgangspunkt und Ziel einer vielfalts- und kultursensiblen und diskriminierungsvermeidenden Pädagogik verstanden.
Dabei werden unter anderem Themen wie Vorurteilsbewusstsein, Erziehungspartnerschaft, innerkulturelle Vielfalt, Mehrsprachigkeit und die Aufnahme von Kindern mit Fluchterfahrung in eine Kindertageseinrichtung aufgegriffen. Religion, als bedeutsamer Aspekt von Kultur, wird in dieser Handreichung nicht bearbeitet. Fragen des Umgangs mit religiöser Vielfalt in Kindertageseinrichtungen bedürfen eines spezifischen Zugangs.

Aufgrund des engen Bezugs zu Aussagen des Orientierungsplans von Baden-Württemberg (Kultusministerium 2015) richtet sich diese Handreichung direkt an alle Fachkräfte in Kindertageseinrichtungen in Baden-Württemberg. Da die angesprochenen Themen für alle Fachkräfte von großer Relevanz sind, ist diese Handreichung genauso gut in anderen Bundesländern einsetzbar und kann auf deren Bildungspläne bezogen werden.
Sie eignet sich, über den alltäglichen Einsatz in Kindertageseinrichtungen hinaus, aufgrund der Art, wie die Thematik in ihr aufbereitet ist, insbesondere auch für Ausbildung und Studium in Fachschulen und Hochschulen sowie für die Weiterbildung von pädagogischen Fachkräften. So kann diese Handreichung zur Umsetzung von Fachschul-, Hochschul- und Rahmencurricula für die Kindheitspädagogik (vgl. Hochschulnetzwerk Bildung und Erziehung in der Kindheit Baden-Württemberg 2011) genutzt werden. Sie beinhaltet Anregungen, wie Einrichtungen sich mit ihrer Hilfe professionell weiterentwickeln können.
Das Autor_innen-Team hat sich auf Anregung des Ministeriums für Kultus, Jugend und Sport Baden-Württemberg aus dem *Hochschulnetzwerk Bildung und Erziehung in der Kindheit Baden-Württemberg* heraus gebildet.

Aufbau

Die vorliegende Handreichung möchte die Thematik **Kulturelle Vielfalt in Kindertageseinrichtungen** gut verständlich, praxisnah und umfassend behandeln. Dazu wurde ein Aufbau gewählt, der …

… schrittweise Begriffe (er)klärt,
… Praxisbeispiele reflektiert,
… alternative Handlungsmöglichkeiten aufzeigt,
… hilfreiche Qualitätsmerkmale für den Alltag entwickelt und dabei
… eigene Ideen für den professionellen Umgang mit kultureller Vielfalt fördert.

Zunächst soll es in dieser Handreichung also darum gehen, **theoretische Grundlagen (Kapitel 1)** zur kulturellen Vielfalt mit praktischem Blick zu besprechen: Dazu werden grundlegende Fachbegriffe erläutert und diskutiert, pädagogische Ansätze zum professionellen Umgang mit kultureller Vielfalt werden kurz vorgestellt und kritisch reflektiert.

Zentral sollen in dieser Handreichung **Qualitätsmerkmale vielfalts- und kultursensibler Pädagogik (Kapitel 2)** erarbeitet werden: Durch eine konkrete Analyse von Fallbeispielen aus der Praxis von Kindertageseinrichtungen werden Themen aufgezeigt, die anschließend diskutiert und anhand alternativer Handlungsvorschläge weitergedacht werden. Der kreative Umgang mit kultureller Vielfalt in den Beispielen regt dazu an, individuelle und für die eigene Einrichtung passende Ideen zu entwickeln und somit kultursensible Bildungsprozesse im Alltag zu etablieren.
Unter dem Motto **Nicht alles auf einmal** werden **Schritte der Umsetzung einer vielfalts- und kultursensiblen Bildung (Kapitel 3)** vorgestellt. Die praktikable und gleichzeitig nachhaltige Entwicklung vielfalts- und kultursensibler Bildungsprozesse steht im Mittelpunkt. Konkrete Hinweise zur Durchführung von Teambesprechungen zum Thema und die Reflexion zur professionellen pädagogischen Haltung von Fachkräften machen dieses Kapitel aus. Ein Vorschlag, wie Einrichtungen sich anhand der Handreichung weiterentwickeln können, findet sich in Form eines Ablaufdiagramms übersichtlich dargestellt im **Anhang**.

Schließlich finden sich im **Fazit** eine Reflexion grundlegender Aussagen und Erkenntnisse der Handreichung sowie ein Blick auf weitere Herausforderungen und Chancen, die sich durch die kulturell vielfältige Lern- und Lebenswelt Kindertageseinrichtung ergeben.

Lesehinweis

Das Kernstück dieser Handreichung stellen die Qualitätsmerkmale im zweiten Kapitel dar, die anhand von Fallbeispielen aus der Praxis entwickelt und erläutert werden. Die theoretischen Grundlagen im ersten Kapitel dienen der Vertiefung und Einordnung. Damit greifen wir den Wunsch von pädagogischen Fachkräften auf, die ihr praktisches Tun theoriegeleitet verstehen und vertiefen möchten. Es ist aber jederzeit möglich, beim Lesen mit den Qualitätsmerkmalen zu beginnen und sich der Thematik so über die eher praktischen Aspekte anzunähern. Die einzelnen Qualitätsmerkmale stehen zwar in systematischer Verbindung zueinander, aber sie können dennoch gut jeweils für sich gelesen und verwendet werden, sodass es nicht unbedingt erforderlich ist, alles am Stück zu lesen. Somit ist die Handreichung bewusst so angelegt, dass sie flexibel eingesetzt werden kann. Besonders geeignet ist die Handreichung für den schrittweisen Einsatz in der Aus- und Weiterbildung. In Kapitel 3 wird beispielhaft ein mögliches Vorgehen aufgezeigt.

1 Theoretische Grundlagen

In diesem Kapitel geht es um Bildung als ein Erfahren von Glück, bei dem Lernende sich mit allen Sinnen auf die Welt einlassen, Weltwissen erlangen und ihr Wissen und Können an die Welt zurückgeben. Bildung geschieht in einer Welt der kulturellen Vielfalt. Erläutert wird, was unter Kultur zu verstehen ist: Ist Kultur etwas, das Menschen von Anfang an unveränderlich prägt? Oder sollte man von einem eher flexiblen, dynamischen Kulturbegriff ausgehen? Dabei wird in diesem Kapitel auch danach gefragt, wie mit kultureller Vielfalt in Bildungsprozessen in Kitas umzugehen wäre: Wie lässt sich eine vielfalts- und kultursensible Bildungsarbeit ethisch fundieren? In diesem Kapitel wird für eine an Demokratie und Menschenrechten ausgerichtete vielfalts- und kultursensible Pädagogik plädiert. Die pädagogischen Ansätze zum Umgang mit kultureller Vielfalt haben sich in den letzten Jahrzehnten gewandelt. Dieser Wandel wird hier kurz nachgezeichnet, um zu verdeutlichen, auf welchem theoretischen Fundament diese Handreichung steht. Das Kapitel endet mit dem Hinweis auf die große Nähe, die eine vielfalts- und kultursensible Pädagogik zu einer Pädagogik der Inklusion aufweist.

1.1 Bildung als Glück

Die Kindheitspädagogik geht vom kompetenten Kind aus, welches sich aktiv die Welt aneignet (vgl. Dornes 2001). Diese Aneignung von Welt wird als Bildung verstanden. Im Sinne Humboldts (1903) wird Bildung als eine „geistige Selbsttätigkeit" verstanden, „durch welche sich das Subjekt in ein Verhältnis setzt zur Welt der Dinge und Personen und so zu einer inneren Repräsentation der Welt und seines Verhältnisses zur Welt gelangt" (Liegle 2006, S. 94). Gelingt dies, so konnte ein geglückter Augenblick erlebt und als gelungener Bildungsmoment beschrieben werden. Der Mensch müsse, so Humboldt (1903), sich immer wieder fremd fühlen in der Welt, weil sie ihm oft unverständlich erscheint. Jedoch, wenn es dem Menschen gelänge, als Lernender auf die Welt zuzugehen und zu versuchen, mehr über sie in Erfahrung zu bringen, dann seien die Voraussetzungen gegeben, dass das Fremdheitsgefühl gegenüber der Welt durchbrochen werden kann. Wenn Kinder Neues und Unbekanntes kennenlernen und mit anderen darüber nachdenken, entwickeln sich neue Perspektiven und Erfahrungen – Bildung ereignet sich und die neu wahrgenommene Welt wirkt bereichernd auf die Lernenden zurück. Nach Humboldt gehört zu gelingender Bildung außerdem auch immer dazu, dass der Mensch bereit ist, die Bereicherung, die ihn die Welt erfahren ließ, auch wiederum an die Welt zurückzugeben. Humboldt spricht – in der Sprache seiner Zeit – davon, „dass der Begriff der Menschheit (...) einen grossen (sic!) und würdigen Gehalt gewönne" (1903, S. 284).

Aus heutiger Sicht kann man sagen, dass die Menschheit sich diesen „grossen (sic!) und würdigen Gehalt" u.a. in Form der Menschenrechte gegeben hat, die in einem demokratischen Prozess kontinuierlich weiterentwickelt werden und mittlerweile weltweit eine ethische Orientierung bieten. Zur Bildung gehört also eindeutig mehr als ein Vielwissen. Zur Bildung von Anfang an gehört grundlegend hinzu, dass sie demokratisch ausgerichtet und an Menschenrechten orientiert ist. So postuliert Wolfgang Klafki einen demokratischen Bildungsbegriff: „Bildung muß (sic!) m.E. heute als selbsttätig erarbeiteter und personal verantworteter Zusammenhang dreier Grundfähigkeiten verstanden werden: als Fähigkeit zur Selbstbestimmung (...), als Mitbestimmungsfähigkeit (...), als Solidaritätsfähigkeit" (Klafki 2007, S. 52).

Das *Hochschulnetzwerk Bildung und Erziehung in der Kindheit Baden-Württemberg* erkennt in seinem Rahmencurriculum für die kindheitspädagogischen Studiengänge in Baden-Württemberg die Bedeutung von Demokratie und Menschenrechten als Grundlage von Bildung an. So heißt es in der Präambel: „In der Kindheitspädagogik werden Kinder als kompetente Akteure, die ihre Bildungsprozesse aktiv vorantreiben, anerkannt. Partizipation von Kindern von Anfang an und deren an Demokratie und Menschenrechten ausgerichtete Bildung, Erziehung und Betreuung bilden eine wichtige Basis für alle Bau-

steine" (Hochschulnetzwerk Bildung und Erziehung in der Kindheit Baden-Württemberg 2011, S. 7). Auch der Orientierungsplan Baden-Württemberg betont die enge Verbindung zwischen den Kinderrechten der UN-Kinderrechtskonvention von 1989, die eine Spezifizierung der allgemeinen Menschenrechte darstellen, und dem Erziehungs- und Bildungsauftrag der Kindertageseinrichtungen (vgl. Kultusministerium 2015, S. 18).
Vor diesem Hintergrund stellt sich die Frage, was unter einer vielfalts- und kultursensiblen Bildung verstanden werden kann.

1.2 Kultur, ein Begriff mit Geschichte

Hierzu wäre zuerst einmal der Begriff „Kultur" zu klären. Dieser seit Jahrhunderten vieldiskutierte und sehr umstrittene Begriff erschließt sich erst, wenn man zumindest in Ansätzen seine Geschichte entfaltet.

Kultur und Natur

Bis in die Zeit der Aufklärung hinein wurde der Begriff Kultur als Gegenbegriff zur Natur aufgefasst (vgl. Vanderheiden/Mayer 2014, S. 29). Kultur galt als all das, was menschliche Leistung hervorbringt: Vernunft, Sprache, Erziehung, Landwirtschaft, Architektur, Kunst. Der Begriff Kultur hatte auch in dieser Version schon eine Tendenz zur Abgrenzung. Mitglieder einer gesellschaftlichen Elite galten als Menschen von „hoher Kultur", Personen am unteren gesellschaftlichen Ende als Menschen mit „niederer Kultur" oder gar als „primitiv".

Kultur und Nation

Diese Abgrenzungstendenz verstärkte sich, als der Kulturbegriff national interpretiert wurde. Im Zuge zahlreicher kriegerischer Auseinandersetzungen um die Festlegung nationalstaatlicher Grenzen seit dem 18. Jahrhundert wird der Kulturbegriff zunehmend national gedeutet. Jede Nation soll nun eine je eigene Kultur aufweisen. Der Philosoph Herder favorisiert diese Vorstellung: „Jede Nation hat ihren Mittelpunkt (...) in sich wie jede Kugel ihren Schwerpunkt" (Herder 1967, S. 44f). Nach dieser weithin von vielen geteilten Vorstellung von Kultur als Kugel sollte eine Nation von kulturell Gleichen bewohnt werden, die sich nach außen strikt gegenüber anderen Nationen und deren Kulturen abgrenzen (vgl. Welsch 1996, S. 271ff). Kulturbegegnung nach dem Kugelmodell kann nur als Aufprall gedacht werden, der im Innern beider Kugeln zumindest tiefe Erschütterungen, wenn nicht gar Verletzungen hervorruft. Aufgrund dieser ständigen Bedrohung von außen dürfen sich im Inneren keine Unterschiedlichkeiten entwickeln. Denn Unterschiedlichkeiten würden die Kugel von innen heraus zusätzlich destabilisieren. Das

Kugelbild sollte nationale Einigkeit erzeugen. Der Wirklichkeit von Nationen wurde diese Vorstellung schon zu Zeiten der Entstehung nicht gerecht. Nationale Grenzen waren häufig das Ergebnis willkürlicher Festlegungen. Ob ein Gebiet der einen oder anderen Nation zugeschlagen wurde, konnte wechseln. Im Inneren waren Nationen zusammengesetzt aus unterschiedlichen Regionen, mit unterschiedlichen Traditionen, mit unterschiedlichen Sprachen oder Dialekten und unterschiedlichen Glaubensrichtungen. Die Bürgerinnen und Bürger waren nach Ständen, später nach Schichten voneinander unterschieden. Nationen sind seit ihrer Entstehung bis heute weder nach außen gegenüber anderen Nationen kulturell vollkommen unterschiedlich noch nach innen völlig gleichartig.

„Kulturkreise"

Auch der Versuch, die Welt in sogenannte „Kulturkreise" aufzuteilen, hat sich als wissenschaftlich unhaltbar erwiesen. Dennoch wurden in neuerer Zeit Überlegungen angestellt, einen „westlichen Kulturkreis" bestehend aus den USA und einigen europäischen Staaten, wie beispielsweise Deutschland, England und Frankreich u.a. von einem „islamischen Kulturkreis", bestehend aus Staaten wie Saudi-Arabien, der Türkei, dem Iran, Pakistan, Indonesien und Ägypten, abzugrenzen (vgl. Huntington 1996). Es handelt sich um den Versuch, das Kugelmodell von Kultur auf einen Weltmaßstab zu übertragen. Jedoch: Auch die Existenz von „Kulturkreisen", die nach innen homogen und nach außen deutlich abgrenzbar sind, lässt sich empirisch nicht belegen (vgl. Sen 2007).

Kultur als „Landkarten der Bedeutung"

Ein Kulturbegriff, der Kultur als festgefügt betrachtet, scheitert an der Realität. Um dieser Realität gerecht werden zu können, bedarf es eines dynamischen Kulturbegriffs. Kultur auf einen flexiblen Begriff zu bringen, ist heutzutage wichtig, weil sich im Zuge einer fortschreitenden Globalisierung die Dynamik des kulturellen Austausches stark erhöht hat, und zwar u.a. über die neuen Medien, über eine Beschleunigung von Reisemöglichkeiten und über Migration.

In den letzten Jahrzehnten haben sich insbesondere die *Cultural Studies* intensiv um einen dynamischen Begriff von Kultur bemüht. Kultur wird nicht mehr national gefasst oder „Kulturkreisen" zugeordnet, sondern Kultur wird nun als eng an die realen Lebensverhältnisse von Menschen gebunden betrachtet.

Kultur wird hierbei als Lebensweise einer gesellschaftlichen Gruppierung verstanden. Hinter dieser Lebensweise stehen Ideen und Werte, wie gelebt werden sollte. Diese Vorstellungen finden sich in alltäglichen Lebensvollzügen mehr oder weniger umgesetzt wie-

der. Die Mitglieder einer Gruppierung prägen vor dem Hintergrund ihrer Ideen und Werte eine spezifische Lebenspraxis aus. Aspekte dieser Lebenspraxis fügen sich mit der Zeit zu Traditionen zusammen. Es kristallisieren sich gesellschaftliche Umgangsformen und Beziehungen, Glaubenssysteme, Sitten und Bräuche heraus. Diese wiederum wirken auf den alltäglichen Umgang mit Objekten zurück. Und u.a. über Alltagsgegenstände kann man sich wiederum den Hintergrund der Ideen und Werte einer Kultur konkret aneignen. „Kultur ist die besondere Gestalt, in der dieses Material und diese gesellschaftliche Organisation des Lebens Ausdruck finden. Eine Kultur enthält die ʹLandkarten der Bedeutungʹ, welche die Dinge für ihre Mitglieder verstehbar machen" (Clarke et al. 1981, S. 41).
Diese Definition macht den Begriff Kultur wissenschaftlich nachprüfbar. Die „Landkarten der Bedeutung" sind nicht beliebig und können nach außen von anderen „Landkarten" unterschieden werden. Nach innen sind sie nicht als völlig gleichförmig gedacht, sondern können jeweils unterschiedlich ausgestaltet sein. Kultur ist nun auch nicht mehr ein Phänomen, das geradezu zwangsläufig auf Abgrenzung, Streit, Irritation hinauslaufen muss. Ganz undramatisch kann gesagt werden: „Das Kulturelle ist (…) Bestandteil *jeder* Praxis" (Mecheril et al. 2010, S. 96; Hervorhebung im Text).

Kultur zwischen Anerkennung und kritischer Analyse

Der Kulturbegriff öffnet sich so dem Verstehen. Gemeinsam im Austausch können Antworten gesucht werden auf die Frage, wie Menschen in spezifischen sozialen Verhältnissen ihre „Landkarten der Bedeutung" ausgestalten und im Alltag leben. Kulturelle Vielfalt muss somit nicht mehr als Bedrohung der eigenen kulturellen Alltagspraxis aufgefasst werden. Dies birgt die Chance auf gegenseitige Anerkennung von Kulturen. Auch die Möglichkeit von Überschneidungen oder Mehrfachzugehörigkeiten ist gegeben.
Die Möglichkeit des Austausches und der Verständigung darf allerdings nicht zu einem unkritischen Feiern jeglicher Form von Vielfalt führen. Kritisch und selbstkritisch muss hinterfragt werden, wie ungerechte Machtverhältnisse sowohl in Kulturen als auch zwischen Kulturen hergestellt werden.
Herausragende Dimensionen, die ungerechten Machtverhältnissen als Bezugspunkte dienen, sind: 1. die Geschlechtszugehörigkeit, 2. stark ungleiche Einkommensverhältnisse und soziale Lebenslagen, 3. körperliche Merkmale (Behinderung, Alter etc.) und 4. rassistische Zuschreibungen. Diese Dimensionen der Ungleichheit werden auch „Dimensionen der Intersektionalität" genannt. Sie können in unterschiedlichen Ausprägungen einzeln auf die Lebensverhältnisse von Menschen einwirken. Mehrere Dimensionen können auch zusammenwirken (vgl. Winker/Degele 2010).

Jegliche kulturelle Alltagspraxis muss sich hinterfragen lassen, ob Diskriminierungen nach Geschlecht, sozialer Lebenslage, aufgrund von Behinderung oder Alter bzw. Rassismus in ihr vorhanden sind.

Eine vielfalts- und kultursensible Bildungsarbeit muss zweierlei leisten. Sie muss zum einen sowohl über einen dynamischen Kulturbegriff verfügen, der die Anerkennung von unterschiedlichen „Landkarten der Bedeutung" ermöglicht. Zum anderen soll sie ungerechte Machtverhältnisse in kultureller Alltagspraxis sowie zwischen Kulturen erkennen und mit pädagogischen Mitteln gegensteuern können.

1.3 Kulturelle Vielfalt und der Bezug zu Demokratie und Menschenrechten

Eine vielfalts- und kultursensible Bildungsarbeit ist ethisch zu fundieren. Ohne diese ethische Fundierung kann es bestenfalls ein beziehungsloses Nebeneinander unterschiedlicher „Landkarten der Bedeutung" geben. Damit Menschen mit ganz unterschiedlicher kultureller Alltagspraxis aufeinander zugehen, voneinander lernen und einander Hilfe leisten können, ist die Bereitschaft zur Verständigung unerlässlich. Sich miteinander zu verständigen, ist der Kern von Demokratie. Insofern bedeutet Demokratie mehr, als an Wahlen teilzunehmen. Zentral geht es in demokratischen Verfahren immer um Aushandlungsprozesse. Demokratische Aushandlungsprozesse sind voraussetzungsreich. Der Philosoph J. Habermas (1998) weist auf die hierfür notwendigen Bedingungen hin: Zu einem fairen Austausch wird es nur kommen, wenn die Partner einander als gleichwertig achten, den anderen anerkennen und sich jeweils – im Perspektivenwechsel – in den anderen hineinversetzen. Gleichberechtigung und die Anerkennung des Anderen in seiner Freiheit, die jeweils eigenen „Landkarten der Bedeutung" auszugestalten, sind Grundlage der Menschenrechte. Nach Habermas (1998) bedingen Demokratie und Menschenrechte einander. Beide sind notwendige, einander stützende Grundlagen, damit Vielfalt sich in einer globalisierten Welt weiterentwickeln kann.

Menschenrechte – und folglich auch die Kinderrechte – und Demokratie sind universal. Es handelt sich hierbei nicht um ausschließlich „westliche Werte". Auch wenn in Zeiten der europäischen Aufklärung viel über diese Begriffe nachgedacht wurde, so sind sie doch durchaus nicht alleine eine europäische „Erfindung". Dass Menschenrechte universal gelten können, hängt damit zusammen, dass man sie keineswegs als eine fertige Vorgabe ansehen sollte, die in Europa ausgedacht wurde, um sie dann der gesamten Menschheit überzustülpen. Vielmehr kann man Menschenrechte auffassen als „eine unabgeschlossene Lerngeschichte" (Bielefeld 2007, S. 48). Menschenrechte sind Antworten auf weltweite Erfahrungen von Unrecht, welches sich gegen die Würde, die

Freiheit und Gleichheit von Menschen richtet. Die Lerngeschichte über Menschenrechte muss zur Zukunft hin offen bleiben, weil es immer wieder neue Herausforderungen durch neue Ungerechtigkeiten gibt. Insofern muss auch die menschenrechtlich fundierte Antwort darauf immer wieder ausgehandelt werden. Genau an diesem Punkt schließen die Menschenrechte wieder an Demokratie an: Jeder Aushandlungsprozess im Rahmen einer Lerngeschichte um die Ausgestaltung der Menschenrechte muss wiederum ein demokratischer sein.

Demokratie und Menschenrechte als grundlegende Bedingung für eine vielfalts- und kultursensible pädagogische Arbeit in Kindertageseinrichtungen

Diese Grundlegung ist unmittelbar relevant für die pädagogische Arbeit in Kindertageseinrichtungen. Von Anfang an können Kinder Demokratie hautnah erfahren, wenn pädagogische Fachkräfte ihnen im Alltag demokratisch begegnen. Spielen, Gewickelt-Werden, Schlafen, Essen etc. können als pädagogische Situation so gestaltet werden, dass bereits Kinder unter drei Jahren, ihrem Entwicklungsstand angemessen, an Aushandlungsprozessen mitbeteiligt werden können (vgl. hierzu Gutknecht 2002; Kölsch-Bunzen 2013). Auch beim Austragen von Konflikten lernen Kinder, nicht zu schlagen, zu treten oder zu schubsen, um ihre Interessen robust durchzusetzen. Vielmehr werden sie von menschenrechtlich eingestellten pädagogischen Fachkräften dabei unterstützt, sich selbst und anderen Einfühlung zu geben und zunehmend mit Worten zu einer Einigung zu kommen, die für beide Seiten gerecht ist.

Die Orientierung an Demokratie und Menschenrechten ist also keineswegs „zu hoch" für kleine Kinder (vgl. Knoblauch 2013). Früh können Kinder Demokratie als Wert erleben, wenn sie praktische Erfahrungen mit Aushandlungsprozessen sammeln konnten, und früh können Kinder auch die Menschenrechte als Wert erfassen, sofern sie Erfahrungen machen konnten, als gleichberechtigt anerkannt zu werden und dennoch einmalig verschieden sein zu dürfen (vgl. Hansen/Knauer/Sturzenhecker 2011; Sturzbecher/Großmann 2003a, 2003b).
Aus aktuellen entwicklungspsychologischen Studien (vgl. Nunner-Winkler 2007) ist bekannt, dass Kinder bereits ab dem Alter von 4 Jahren über grundlegende ethische Werte und Anforderungen gut informiert sind. So können sie schon genau darüber Auskunft geben, dass sie einander nicht verletzen dürfen – eine zentrale menschenrechtliche Forderung. Allerdings, so die Studien, fällt es kleinen Kindern noch äußerst schwer, sich an das als richtig Erkannte auch wirklich zu halten. Es bedarf noch eines längeren Lernprozesses, bis sich die Kinder aus eigenem Antrieb heraus dazu bereitfinden. Hierfür brauchen sie Übung im alltäglichen Miteinander. Es reicht also nicht aus, mit Kindern hin und wieder einmal ein demokratisches Projekt durchzuführen. Aus der Gedächtnisforschung (vgl. Sturzbecher/Grundmann 2001) ist bekannt, dass kleine Kinder bis zum Alter von 8 Jahren einmalige oder seltene Ereignisse noch nicht besonders gut speichern können. Sehr genau jedoch, ebenso gut wie Erwachsene übrigens, können sie sich Routinen einprägen. Insofern ist es wichtig, dass Demokratie und Menschenrechte in der gesamten Einrichtung gelebt werden. Studien (vgl. bspw. Hansen/Knauer/Sturzenhecker 2011), die untersucht haben, wie die Mitbestimmung der Kinder, Eltern und Fachkräfte in Kindertageseinrichtungen praktisch funktionieren kann, zeigen, dass dies keineswegs zu „endlosen" Debatten führt. Das Gegenteil ist der Fall: Der alltägliche Umgang miteinander verbessert sich, die Achtsamkeit nimmt zu und die Fachkräfte können ihre Professionalität stärker entfalten. Voraussetzung dafür ist: In die demokratischen Entscheidungsprozesse fließen gleichberechtigt das pädagogische Wissen und Können der Fachkräfte ein, die Erfahrungen und Wünsche der Eltern sowie die Bedarfe und in Kinderkonferenzen erarbeiteten Entscheidungen der Kinder.

Vielfalt in der Kita – absolute Normen anerkennen, konventionelle Normen aushandeln

Kinder benötigen Übung im Umgang mit absoluten Normen und sie brauchen Übung im Umgang mit konventionellen Normen. Ab dem Alter von 4 Jahren beschäftigen sich Kinder mit dem Unterschied zwischen unbedingten Normen und konventionellen Nor-

men (vgl. Nunner-Winkler 2007). Unbedingte Normen sind: Wir dürfen einander nicht schlagen – eine menschenrechtliche Grundnorm. Oder: Wir lösen unsere Konflikte mit Worten – eine demokratische Grundnorm. Demgegenüber wird den Kindern zunehmend klar, dass es noch eine andere Klasse von Normen gibt, die veränderlich sind. Diese Klasse von Normen werden „konventionelle Normen" genannt. Hierzu gehören beispielsweise unterschiedliche Essensregeln oder „Esskulturen" in der Kita oder in der Familie. Die konventionellen Normen dürfen unterschiedlich sein und erfahren darin Anerkennung. Sie sind in aller Unterschiedlichkeit faszinierend und bereichernd. Nicht bereichernd ist es jedoch, menschenrechtliche Normen außer Kraft zu setzen, denn dadurch werden demokratische Aushandlungsprozesse unterbunden und die menschliche Würde verletzt.

Insofern ist bei aller Vielfalt unter den Fachkräften, den Eltern und Kindern in der Kita eine Unterscheidung zwischen unbedingten Normen und konventionellen Normen unerlässlich. Schlagen, eine ungerechte Behandlung von Jungen und Mädchen, die Herabwürdigung des anderen in Worten und Taten o. Ä. kann nicht unter dem Label einer „kulturellen Vielfalt" hingenommen werden. Vielmehr kann sich kulturelle Vielfalt nur im Rahmen von Demokratie und Menschenrechten förderlich entfalten.

1.4 Von der Ausländerpädagogik zur vielfalts- und kultursensiblen Bildungsarbeit

In Praxis und Theorie begegnet man verschiedenen Konzepten und Ansätzen, die als pädagogische Reaktion auf kulturelle Vielfalt entwickelt wurden. Es soll hier ein kurzer Überblick (ausführlicher diskutiert von Krüger-Potratz 2005) gegeben werden, um zu verstehen, was eine vielfalts- und kultursensible, demokratisch und menschenrechtlich basierte Bildungsarbeit in Kindertageseinrichtungen ausmacht und wie sie dem Verständnis des Orientierungsplans und dieser Handreichung, in Abgrenzung zu den älteren Konzepten, entspricht.

Ausländerpädagogik

Als in den 1960er Jahren, aufgrund des Familiennachzugs, Kinder der Arbeitsmigranten nach Deutschland kamen bzw. hier geboren wurden, hatte man zunächst noch keinerlei Konzepte bereit, wie man auf Einwanderung pädagogisch reagieren kann. Offensichtlich war, dass die Kinder Unterstützung beim Erwerb der deutschen Sprache benötigen. So richtete sich die Aufmerksamkeit der sogenannten „Ausländerpädagogik" vor allem auf die Sprache: Die als sprachliches „Defizit" verstandenen fehlenden Kenntnisse im Deutschen sollten so rasch wie möglich ausgeglichen werden. Da politisch die Rückkehr der Migranten angestrebt wurde, sollte zugleich auch die Rückkehrfähigkeit dieser Kinder aufrechterhalten werden. Über die Konsulate wurde deshalb der „muttersprachliche Unterricht" eingerichtet (vgl. Mecheril 2004, S. 84–86).
Kritik an der Ausländerpädagogik: Die Fokussierung auf Sprache und der defizitorientierte, problemorientierte Blick auf die sogenannten „Ausländerkinder" stellten die Hauptkritikpunkte an diesem Ansatz dar und führten zur Entwicklung der Interkulturellen Bildung oder Interkulturellen Pädagogik.

Interkulturelle Pädagogik

Interkulturelle Pädagogik überwindet den begrenzten und defizitorientierten Ansatz der sogenannten „Ausländerpädagogik". Interkulturelle Pädagogik richtet sich auch nicht mehr wie die „Ausländerpädagogik" nur an Kinder mit Migrationshintergrund, sondern wird als Bildungserfordernis für alle Kinder angesichts der zunehmenden Globalisierung und Mobilität gesehen (vgl. hierzu insbesondere Sekretariat der Ständigen Konferenz der Kultusminister der Länder in der Bundesrepublik Deutschland 1996).
Innerhalb der Interkulturellen Pädagogik gibt es zwei Richtungen, die sich in ihrem Verständnis von Kultur unterscheiden. In einer engen Version der Interkulturellen Pädagogik

sollte der als andersartig verstandene „kulturelle Hintergrund" beachtet, wertgeschätzt und als Bereicherung aufgegriffen werden. Bis heute basieren noch viele Praxisvorschläge auf diesem Konzept. So sind in der Praxis z.B. interkulturelle Projektwochen, in denen die Kinder verschiedene Länder kennenlernen sollen, oder interkulturelle Essentreffs beliebt. **Kritik an einer engen Version der Interkulturellen Pädagogik:** Dieser Ansatz, vor allem aber auch die Art, wie er in die Praxis umgesetzt wurde, ist nicht unwidersprochen geblieben (vgl. unter vielen anderen z.B. Mecheril 2004; Mecheril et al. 2010; Hamburger 2009). Erinnert man sich an die Ausführungen in diesem Kapitel zum Kulturbegriff, so wird verständlich, dass die enge Version einer Interkulturellen Pädagogik der nicht mehr zeitgemäßen Leitannahme einer feststehenden sogenannten „kulturellen Differenz" folgt und von einem statischen Begriff von Kultur ausgeht. Dies geht an der Lebenswelt der Kinder vorbei.

Ein statischer Kulturbegriff führt dazu, dass Erwachsene und Kinder mit „Migrationshintergrund" zwangsläufig als Personen gelten müssen, die zwischen zwei in sich stabilen Kulturen stehen. Gebräuchlich ist dafür das Bild von einer Position „zwischen zwei Stühlen" geworden.

Die enge Version einer Interkulturellen Pädagogik blendet jedoch die Komplexität der Wirklichkeit aus. So wird übersehen, dass seit jeher und insbesondere in der heutigen Zeit aufgrund von Migration, von Reisen, von weltweiter Mobilität, von weltweiten Verflechtungen und durch die Medien verschiedene kulturelle Einflüsse gleichzeitig auf die Menschen einwirken. Kulturen verändern sich stetig, Kulturen überlappen und vermischen sich und selbst in Kulturen, die auf den ersten Blick als einheitlich erscheinen, gibt es jede Menge Unterschiede – z.B. je nach Region, Schicht bzw. Milieuangehörigkeit und individueller Lebenspraxis der Menschen (vgl. z.B. Bruhns 2013; Geiling et al. 2011; Wippermann/Flaig 2009). Menschen übernehmen auch nicht einfach „eine" Kultur, sondern entwickeln aus verschiedenen Einflüssen und Deutungsangeboten ihre je eigenen „Landkarten der Bedeutungen" (vgl. Kapitel 1.2), die in sich wiederum dynamisch ist. Insbesondere im Hinblick auf Kinder mit Migrationshintergrund, von denen die meisten keine eigene Migrationserfahrung haben (vgl. Otremba 2013, S. 18), macht es keinen Sinn, sie einfach als Angehörige einer bestimmten „Herkunftskultur" oder als Repräsentanten eines Landes zu sehen. Sie haben unterschiedliche Zugänge zu dem Land, aus dem sie selbst oder die Eltern oder Großeltern migriert sind. Einige haben zu dem Land einen engen Bezug, andere kennen dieses Land gar nicht aus eigener Anschauung, für einige ist es ein Urlaubsland, für andere das Land der Verwandtenbesuche. Interkulturelle Pädagogik mit einem engen Kulturbegriff übersieht darüber hinaus die gesellschaftlichpolitische Dimension von Migration. So stellt sie nicht nachdrücklich genug die Frage nach der sozialen und rechtlichen Situation von Menschen mit Migrationshintergrund, sondern blendet häufig die Frage nach Barrieren, Ausgrenzungserfahrungen und Diskriminierungen aus (vgl. z.B. Mecheril et al. 2010, S. 189). Unterschiede in den Lebenswelten werden vereinfachend und verallgemeinernd als „kulturelle Unterschiede" gedeutet, anstatt das komplexe Zusammenspiel von sozioökonomischer und rechtlicher Lage und Migrationsgeschichte zu berücksichtigen. So läuft diese Version der Interkulturellen Pädagogik Gefahr, den individuellen Erfahrungen der einzelnen Kinder und Familien nicht gerecht zu werden. Darüber hinaus kann sie stereotypisierende Vorstellungen erzeugen und ein Denken in der Unterscheidung zwischen „Wir" und den „Anderen" hervorbringen. Dies kann zu Ausgrenzung führen.

Vielfalts- und kultursensible Bildungsarbeit inklusiv denken

Diese Probleme einer engen Version von Interkultureller Pädagogik wurden in der zweiten Version, die von einem offeneren, dynamischen Kulturbegriff ausgeht, bereits kritisiert. Für diese zweite Version steht der interkulturelle Ansatz einer „Pädagogik der Vielfalt" (Prengel 2006), in der Interkulturelle Pädagogik, feministische Pädagogik und Integrationspädgogik miteinander verknüpft werden.

Auch der sogenannte Anti-Bias-Ansatz (vgl. z.B. Derman-Sparks 2013), der im Rahmen des Projekts Kinderwelten zum Ansatz „Vorurteilsbewusste Bildung und Erziehung" (Institut für den Situationsansatz o.J.) weiterentwickelt wurde, setzt an der Kritik eines engen Kulturbegriffs an. In beiden Ansätzen wird von einem dynamischen Kulturbegriff ausgegangen. Jede einzelne Familie wird in ihrer Lebenslage gesehen. Es werden die tatsächlich gelebten „Familienkulturen" der Kinder und ihre jeweils konkrete Lebenswelt vor dem gesellschaftlichen Hintergrund berücksichtigt. Mit großer Achtsamkeit werden die Unterschiede wahrgenommen, die für die Kinder und Eltern subjektiv von Bedeutung sind. Anstatt in kulturellen Grenzen zu denken, gilt es über Gemeinsamkeiten und über eine mögliche Verständigung bei Unterschieden nachzudenken.

Sowohl der Ansatz einer Pädagogik der Vielfalt als auch der Anti-Bias-Ansatz fordern eine vielfalts- und kultursensible, antidiskriminierende, antirassistische Pädagogik, die sich ausdrücklich an Demokratie und Menschenrechten orientiert. Und: Beide Ansätze weisen gleichermaßen darauf hin, dass die kultursensible Pädagogik sehr gut zu einer insgesamt auf Inklusion hin ausgerichteten Bildungsarbeit passt. Allen Kindern soll eine gleichberechtigte Teilhabe und Bildung ermöglicht werden.

Im Ansatz der „Pädagogik der Vielfalt" (vgl. Prengel 2006) wird hervorgehoben, dass Gleichberechtigung nicht „Gleichmachen" bedeutet, sondern dass eine Sensibilität für

Verschiedenheit die entscheidende Voraussetzung für Gleichberechtigung ist. Weit über die Dimension von möglichen kulturellen Unterschieden hinaus gilt es, die Vielfalt von Kindern zu berücksichtigen – und zwar im Hinblick auf verschiedene Vielfaltsdimensionen. Auch die Vielfalt der pädagogischen Fachkräfte findet Anerkennung. Ziel dieser vielfalts- und kultursensiblen Bildungsarbeit ist es, dass alle am Bildungsprozess Beteiligten in ihrer Verschiedenheit Gerechtigkeit erfahren.

Zusammenfassung und Zwischenfazit

Diese Handreichung geht von dem anspruchsvollen Bildungsbegriff Humboldts aus. Zugrunde gelegt wird ein flexibler, dynamischer Kulturbegriff. Ferner basiert die Handreichung auf einer vielfalts- und kultursensiblen, an Demokratie und Menschenrechten ausgerichteten, inklusiven Pädagogik und möchte dies im Folgenden anhand von Fallbeispielen praxisnah veranschaulichen. Dieses Bildungsverständnis lässt sich aber nicht in eindeutige Handlungsrezepte überführen. Ihr Merkmal besteht ja gerade darin, sich an der jeweils vorhandenen Situation, den Kindern, die die einzelne Kita besuchen, und ihren Familien auszurichten. Genaue Kenntnisse haben hier die jeweiligen Fachkräfte vor Ort. Sie sind die Expertinnen oder Experten für die Umsetzung im Alltag ihrer Einrichtung. Die Handreichung kann Anregungen geben, Qualitätsmerkmale für die Arbeit vorstellen und möchte dazu ermutigen, dass die Fachkräfte vor Ort selbst kreative Ideen und passende Handlungsformen entwickeln.

2 Qualitätsmerkmale vielfalts- und kultursensibler Pädagogik

Die Forderung nach einer vielfalts- und kultursensiblen, an Demokratie und Menschenrechten ausgerichteten Bildungsarbeit in Kindertageseinrichtungen zu erheben ist das eine, diese Anforderung auch ganz realistisch in der Praxis umzusetzen, das andere. In diesem Kapitel wird von daher also ganz konkreten praktischen Fragen nachgegangen:

- Wie soll ich als Fachkraft pädagogisch angemessen reagieren, wenn ich angesichts von Vielfalt in der Kita mit meinen eigenen Normalitätsvorstellungen an meine Grenzen komme?
- Wie bereiten wir uns im Team vor, wenn wir ein Kind aus einer Familie im Asylverfahren aufnehmen werden? Wie können wir uns mit den Kindern darüber austauschen?
- Wie kann mit Sprachenvielfalt in der Kita professionell umgegangen werden?
- Wie können wir eine konstruktive vielfalts- und kultursensible Erziehungs- und Bildungspartnerschaft mit Eltern verwirklichen?
- Wie können wir mit eventuell kulturell bedingten Missverständnissen zwischen Fachkräften und Eltern positiv umgehen?
- Wie vermeiden wir kulturelle Stereotype?
- Wie können wir Diskriminierung und Rassismus, die auch vor unserer Kita nicht haltmachen, entschlossen, fachlich versiert entgegentreten?
- Wie kann eine professionelle Bildungsarbeit aussehen, wenn die Kinder einander mit „kulturellen Schimpfwörtern" beleidigen?
- Wie handeln wir fachlich angemessen, wenn Eltern aus „kulturellen Gründen" für das Kind relevante Bildungsvorhaben ablehnen?
- Was müssen wir im Team beachten, wenn wir unsere pädagogischen Medien und Spielsachen vielfalts- und kultursensibel auswählen wollen?

Diese und weitere Fragen werden übersichtlich in drei grundlegenden Themenbereichen bearbeitet und als einzelne Qualitätsmerkmale entwickelt:

Vielfalts- und Kultursensibilität entwickeln
Kulturelle Vielfalt in der Erziehungs- und Bildungspartnerschaft
Den Alltag unter Vielfaltsaspekten diskriminierungsfrei gestalten

Die hier vorgestellten 10 Qualitätsmerkmale sind für die qualitativ hochwertige Umsetzung einer vielfalts- und kultursensiblen Bildungsarbeit in Kindertageseinrichtungen unerlässlich. Von einem Qualitätsmerkmal ausgehend wird jeweils ein enger Bezug zum Orientierungsplan Baden-Württemberg hergestellt. Ein darauf folgendes Praxisbeispiel soll Diskussionen im Team fördern und zur Schilderung ähnlicher Situationen ermutigen. Die anschließende Reflexion des Praxisbeispiels informiert, eröffnet theoretische Perspektiven, stellt Anschlussfragen und will insgesamt zu denken geben. Es schließen sich Hinweise für konstruktive Entwicklungsmöglichkeiten für die Praxis an. Hier werden ganz konkrete Hinweise gegeben, wie in der Praxis der Kita vor Ort vielfalts- und kultursensibel gearbeitet werden kann. Jedes Unterkapitel findet seinen Abschluss durch ein Zwischenfazit.

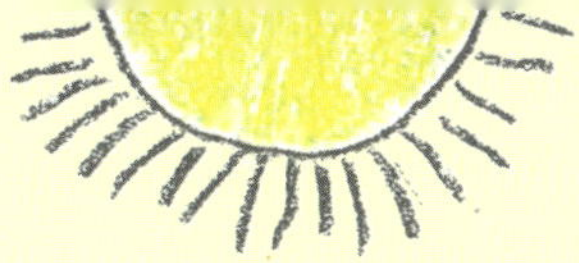

Vielfalts- und Kultursensibilität entwickeln

2.1 Qualitätsmerkmal: Eigene Normalitätsvorstellungen hinterfragen und Situationen aus verschiedenen Perspektiven betrachten

Bezug zum Orientierungsplan

„Vielfalt und Verschiedenheit von Kindern werden als Herausforderung und Chance für gemeinsames Spielen und Lernen wahrgenommen. Ein entsprechendes pädagogisches Handeln erfordert auch die Auseinandersetzung mit den eigenen Sichtweisen, Einstellungen, Vorurteilen, Ängsten und Rahmenbedingungen." (Kultusministerium 2015, S. 52)

Zur Diskussion: Verschiedene Essgewohnheiten

Mittagessen in der Kita: Die Kinder sitzen am gedeckten Tisch. Es gibt Reis mit Gemüse. Manche essen mit dem Löffel, einige probieren bereits, mit der Gabel zu essen. Y. nimmt seine Finger und versucht, einzelne Reiskörnchen zu fassen zu bekommen und so zu essen. Andere Kinder sehen dies und lachen: „Der isst ja wie ein Baby." Die Fachkraft wendet sich Y. zu und sagt freundlich zu ihm: „Du kannst doch schon mit der Gabel essen. Man isst nicht mit den Fingern."

Reflexion des Praxisbeispiels

Vermutlich wollte die Fachkraft Y. einfach dazu ermutigen, mit Besteck zu essen, da sie weiß, dass er es schon kann. Doch ist die Art, wie sie den Nachsatz formuliert, ungünstig: „Man isst nicht mit den Fingern." Diesem kleinen Wort „man" kommt hier eine große Bedeutung zu, legt es doch eine generelle Norm fest. Damit werden andere Essgewohnheiten wie der Gebrauch von Stäbchen oder von Fingern als „unnormal" dargestellt und abgewertet. Doch im Weltmaßstab betrachtet, isst „man" am häufigsten mit den Fingern. Schätzungsweise essen weltweit ca. 4,2 Milliarden Menschen mit den Fingern, 1,2 Milliarden mit Stäbchen und 900 Millionen mit Messer und Gabel (vgl. Wikipedia 2015). Problematisch ist auch, dass die Fachkraft nicht auf die Äußerung der Kinder reagiert (vgl. Kultusministerium 2015, S. 29), die das Essen mit den Fingern als „babyhaft" bezeichnen. So kann sich der Eindruck verstärken, dass das Essen mit den Fingern unüblich, weniger wert und sogar weniger entwickelt ist.

Man wird vielleicht denken: Es ist nur eine kleine, unachtsame Äußerung, die hier im Fallbeispiel dargestellt wird. Man könnte meinen, das sei doch nicht so schlimm, denn die Kinder verstünden, wie es gemeint ist. Aber gerade Kinder achten sehr sensibel auf

die Wertungen der Erwachsenen und erschließen sich daraus ein Bild von der Welt. Sie orientieren sich an der Fachkraft, die hier vermittelt: Mit der Gabel essen, das ist gut – mit den Fingern essen, das machen nur Babys. Dies wäre auch für Kinder problematisch, deren Familie daheim selten oder gar nicht mit Messer und Gabel essen. Auch wenn die Fachkraft mit ihrer Äußerung nur das Essbesteck gemeint hat, so kann das Kind dies auf die Familie bezogen verstehen und als Abwertung seiner Lebenswelt und all dessen, was dort bislang für gut und richtig gegolten hat, auffassen.
Und selbst wenn die Kinder gar nicht persönlich betroffen sind, könnten sie daraus eine allgemeine Wertvorstellung ableiten, die manche kulturelle Praxen als besser, andere als „babyhaft" und damit als unterentwickelt einordnet. Dies würde einer kultursensiblen Bildungsarbeit widersprechen und wäre auch nicht im Sinne des Orientierungsplans, der ausdrücklich darauf hinweist, dass die familiäre und kulturelle Vielfalt zu achten ist (vgl. Kultusministerium 2015, S. 50). Kulturelle Vielfalt bietet in einer globalisierten Welt eine wichtige Bildungsgelegenheit für alle Kinder. Dementsprechend fordert der Orientierungsplan, diese „als Bereicherung (…) erfahren" (Kultusministerium 2015, S. 50) zu lassen. Das geschilderte Fallbeispiel könnte demgegenüber als Bildungsanlass genutzt werden, wie im Folgenden deutlich wird.

Konstruktive Entwicklungsmöglichkeiten für die Praxis

1. Mit den Kindern vielfältige Alltagspraxen entdecken

Es ist verständlich, dass man in einer Situation nicht immer alle Worte genau abwägen kann. Wenn die Fachkraft die Situation aber später noch einmal reflektiert, fällt ihr auf, welches Bildungsmoment für den Umgang mit kultureller Vielfalt diese Situation barg und sie greift diese nochmals auf. Es könnte ein interessantes Projekt entstehen, indem sich die Fachkraft und die Kinder gemeinsam an die „Forschungsarbeit" über Esskulturen machen. Sie recherchieren in Büchern und im Internet und befragen Personen, die sie kennen. Man probiert die verschiedenen Möglichkeiten aus. Die Fachkraft wird sich beim Versuch, selbst mit Stäbchen oder Fingern zu essen, vielleicht besser in die Kinder hineinversetzen können, die lernen, mit Messer und Gabel zu essen. Die Kinder werden darauf aufmerksam, welche Speisen mit Fingern gegessen werden (Brot, Obst, Knabbereien), welche mit Löffeln, welche mit Messer und Gabel. Wie viele verschiedene Messer für welche Zwecke gibt es? Wie isst man auf einer Wanderung oder beim Picknick? Wo bzw. welche Art von Speisen werden mit Stäbchen oder mit der Hand gegessen? Ein Gang durch die Einkaufsstraße einer Stadt lässt entdecken, wie verbreitet das Essen mit der Hand im Rahmen einer Fast-Food- bzw. Food-to-go-Kultur ist. Was muss man beachten, wenn man mit den Fingern isst – im Hinblick auf Hygiene und im Hinblick auf eine Esskultur, die für andere angenehm ist? Man kann mit den Kindern ausprobieren, auf welche vielfältige Art man den Tisch decken kann und wie das jeweils wirkt. Oder wie es ist, auf

dem Boden zu essen. Über die Frage des Essbestecks hinaus kann diese Entdeckungsreise zu verschiedenen familiären Ernährungsgewohnheiten und dem Kennenlernen von noch unbekannten Speisen führen.
So können unterschiedliche Alltagspraxen mit den Kindern zusammen entdeckt werden. Alle sind grundsätzlich gleichwertig. Gleichzeitig lernen die Kinder behutsam die situative Gültigkeit von Normen kennen: In der Kita kann man mit Besteck essen lernen, in verschiedenen Familien, in verschiedenen Restaurants, am Imbissstand, in verschiedenen Regionen der Welt oder je nach Situation sind aber möglicherweise andere Alltagspraxen üblich. Es gibt nicht eine Regel für alle Essenssituationen, sondern es gibt verschiedene Regeln.
In der Kita erfahren die Kinder so, dass Essensregeln keine absoluten Normen sind, sondern dass es sich hier um Konventionen handelt. Diese Unterscheidung können Kinder schon ab dem vierten Lebensjahr sicher treffen (vgl. Nunner-Winkler 2007). Wichtig ist für die Kinder, dass die jeweiligen unterschiedlichen Essensregeln oder „Esskulturen" gegenseitig Anerkennung erfahren.
Es sind noch viele andere alltagsrelevante Situationen denkbar, die sich als Ausgangspunkt für die Erweiterung des Weltwissens und für die Begegnung mit kultureller Vielfalt denken lassen. Tipp: Es ist spannend, einmal bewusst auf Folgendes zu achten: Dort, wo Regeln mit dem Wort „man" eingeleitet werden, eröffnen sich oft sehr interessante Reflexions- und Bildungsanlässe.

2. Auf wertneutrale Formulierungen achten, die der Vielfalt der kindlichen Lebenswelten gerecht werden

Wenn man mit Kindern ins Gespräch kommen möchte, empfiehlt es sich, sprachlich möglichst offen zu formulieren, um so der Vielfalt von Lebenswelten gerecht zu werden. Wenn man beispielsweise im ersten Morgenkreis nach der Schließzeit nachfragt: „Wer von euch möchte vom Urlaub erzählen?", geht man davon aus, es sei „normal", in Urlaub zu fahren. Kinder, die nicht im Urlaub waren, können zu dieser Frage nichts beitragen und fühlen sich möglicherweise sogar beschämt. Es bietet sich an, die Frage offener zu stellen, z.B. so: „Wir hatten nun drei Wochen Schließzeit, der Kindergarten war zu. Das war ja eine lange Zeit. Manche von euch waren zu Hause, andere bei Verwandten, manche sind vielleicht mit der Familie weggefahren, manche haben noch etwas ganz anderes gemacht. Überlege dir etwas, was du erzählen möchtest."
So wird die Gleichwertigkeit der Gestaltungsmöglichkeiten der Schließzeit deutlich. Jede Erzählung ist gleichermaßen bedeutsam – auch der Bericht über eine Fernsehsendung, die ein Kind beisteuert.

Wertungen seitens der Fachkräfte lenken häufig zu einseitig in eine Richtung – beispielsweise wenn das Kind etwas für die Fachkraft besonders Interessantes berichtet und sie darauf antwortet: „Toll, du bist sogar mit dem Flugzeug geflogen."
Welches Bild von „Normalität" vermittelt es den Kindern, wenn zusätzlich in die Runde hinein gefragt wird: „Wir haben gehört, dass P. schon mit dem Flugzeug in den Urlaub geflogen ist. Wer von euch ist auch schon geflogen?" Stattdessen bewährt sich ein interessiertes Zuhören. Dieses Interesse kann man durch wertschätzendes und empathisches Spiegeln und Nachfragen zum Ausdruck bringen (vgl. Rogers 1983; Weinberger 2004). So könnte eine alternative Reaktion auf die Erzählung eines Kindes von der Flugreise darin bestehen, dass man nach der subjektiven Bedeutung für das Kind fragt und so gleichzeitig einen sprachbildenden und das Weltwissen erweiternden Impuls setzt: „Das war für dich ein wichtiges Erlebnis, mit dem Flugzeug zu fliegen. Erzähle uns doch davon, was für dich daran besonders interessant war."
Und ein genauso interessiertes Nachfragen mit Empathie und Wertschätzung ist angebracht, wenn ein Kind davon berichtet, dass es immer daheim war und sich mit Fernsehen und Computerspielen die Zeit vertrieben hat. Denn in der vorliegenden Erzählsituation mit den Kindern geht es ja darum, dass die Kinder Gelegenheit bekommen, aus ihrem Alltag zu berichten und ihre Erfahrungen authentisch einzubringen. So wird den Kindern deutlich, wie vielfältig Lebenssituationen und Erfahrungen sind und dass sie in diesen als gleichwertig angenommen werden.
Fachkräfte sollten ihre eigenen Erwartungen und das, was sie als „normal" erachten, kritisch reflektieren, um nicht unbeabsichtigt und unbemerkt andere als „unnormal" abzuwerten. Diese offene Haltung erfordert ein hohes Maß an Achtsamkeit.

3. Situationen mehrperspektivisch deuten

Um Situationen aus mehreren Perspektiven zu deuten und den eigenen verinnerlichten, meist unbewussten Normalitätsvorstellungen auf die Spur zu kommen, ist es hilfreich, Situationen, die auf die Fachkraft verwunderlich oder irritierend wirken, mit anderen Fachkräften gemeinsam zu deuten. So bespricht eine Fachkraft im Team eine Situation, die sie nun schon mehrfach beobachtet hat und die sie verärgert. Die Mutter von Z. holt ihren Sohn häufig kurz vor dem Ende der Öffnungszeit ab. Obwohl Z. sich selber anziehen und auch schon die Schuhe zubinden kann, bittet er seine Mutter um Hilfe. Während der Sohn ihr die Füße in den offenen Schuhen entgegenstreckt, kniet sich die Mutter vor ihm auf den Boden und bindet ihm die Schuhe zu. Das Team fragt sich: Was geschieht hier? Warum zeigt Z. nicht, was er bereits kann? Warum bedient die Mutter ihren Sohn?

Dann tauschen sich die Mitglieder des Teams über die eigenen Wertvorstellungen aus. Hier überwiegt die fachliche Vorstellung, dass ein Kind seine Fähigkeiten verwirklichen sollte. In einem weiteren Schritt überlegt das Team, welche Fragen an diese Fallgeschichte gestellt werden können und zwar aus unterschiedlichen Perspektiven. Ist es so, dass das Verhalten von Mutter und Kind das Zusammenleben bestimmt oder taucht es nur in dieser Situation auf? Welche Bedeutung hat das Verhalten für die Mutter: „Bedient" sie den Sohn oder möchte sie Fürsorge ausdrücken? Welche Bedeutung hat das Verhalten für den Sohn: Lässt er sich „bedienen" oder möchte er Verbundenheit zur Mutter zum Ausdruck bringen? Spielt es für die Klärung dieser Situation eine Rolle, dass die Mutter in der Türkei geboren wurde und in Deutschland aufgewachsen ist? Die pädagogische Fachkraft merkt nach der Teamsitzung, dass sie sich nun nicht mehr verärgert fühlt, wenn sie an die besprochene Situation denkt, sondern nun ein Interesse bei sich wahrnimmt, das Gespräch mit der Mutter zu suchen. Es stellt sich im Gespräch heraus, dass die Mutter in Vollzeit berufstätig und insofern auf die Öffnungszeit angewiesen ist. Wenn sie ihren Sohn abholt, möchte sie ihm von Anfang an zeigen, dass sie ihn liebt und gern umsorgt. Sie betont, dass ihr die Selbstständigkeit des Kindes jedoch wichtig ist und dass sie zu Hause darauf achtet, dass er sich selber ankleidet. Auch habe eine im Haushalt lebende Tante ihm gezeigt, wie er sich die Schuhe zubinden kann. Die Mutter deutet das Verhalten des Sohnes so, dass er sich in dieser Situation gern einmal auf das „Begrüßungsspiel" einlässt.

Eine Situation multiperspektivisch im Team zu deuten, unterstützt die pädagogischen Fachkräfte dabei, die eigenen Normalitätsvorstellungen zu hinterfragen. Auch die Vorstellungen, die man sich von „anderen" macht, können noch einmal reflektiert werden. Durch einen multiperspektivischen fachlichen Blick auf zunächst irritierend erscheinende Situationen des Kita-Alltags können Fachkräfte gedankliche und gefühlsmäßige Engführungen erweitern. Dies erhöht die Chance, dass Kindern nicht ungefiltert mit fertigen Urteilen begegnet wird, sondern mit Offenheit und einem für das Gegenüber spürbaren Interesse.

Zwischenfazit

Die eigenen Normalitätsvorstellungen zu hinterfragen, mögliche andere Sichtweisen in Erwägung zu ziehen und im Gespräch offen zu sein für andere Perspektiven stellt ein Qualitätskriterium für vielfaltssensible pädagogische Arbeit dar. Dazu fordert der Orientierungsplan auf, wenn er sagt: „Der Blickwinkel wird wesentlich erweitert, wenn Eltern von ihren Beobachtungen, Sichtweisen und den Deutungen aus ihrem Alltag berichten" (Kultusministerium 2015, S. 76). Er empfiehlt, „die Welt mit den Augen der Kinder zu sehen" (Kultusministerium 2015, S. 10). Die Welt der Kinder ist – und wird zunehmend mehr – eine Welt sein, die von Vielfalt geprägt ist. Die Kinder dürfen sich sicher sein, dass ihre Lebenswelt beachtet und geachtet wird. Die Kita ermöglicht den Kindern im Sinne des Bildungsauftrags aber auch, andere, neue Lebenswelten kennenzulernen und diese zu achten. Sie unterstützt die Kinder dabei, eine Haltung der Akzeptanz für unterschiedlichste Alltagspraxen und Normen zu entwickeln.

Für Fachkräfte wie auch für Eltern besteht die Herausforderung darin, ihre Handlungen und Einstellungen, die sie bislang als selbstverständlich und völlig normal angesehen haben, zu hinterfragen und zu beachten, dass diese nicht die einzig möglichen sind. Der Orientierungsplan regt dazu an, sich eigener biografischer Erfahrungen und unbewusster Wertvorstellungen bewusst zu werden (vgl. Kultusministerium 2015, S. 56). Angesichts der Vielfalt von Lebensformen, Lebensentwürfen, Alltagspraxen, Sichtweisen und Einstellungen bedeutet das, sich des eigenen Standpunkts und der Vorstellungen von dem, was man für „normal" hält, zunehmend bewusster zu werden. Es geht darum, diese Normalitätsvorstellungen zu erweitern und dafür achtsam zu werden, dass Familien andere Normalitätsvorstellungen und Normalitätserfahrungen haben können. So kann man die historische und situative Gültigkeit von konventionellen Normen erkennen und Situationen aus mehreren Perspektiven heraus betrachten.

2.2 Qualitätsmerkmal: Das Thema Flucht gemeinsam mit Kindern besprechen

Bezug zum Orientierungsplan

„Kinder denken in Bildern und drücken sich über Bilder aus. Dieser Form bildhaften Denkens gilt es Raum zu geben, indem Kindern vielfältige Möglichkeiten geboten werden, ihre Gedanken und Ideen zum Ausdruck zu bringen." (Kultusministerium 2015, S. 144)

Zur Diskussion: „Wo sind die anderen Kinder denn zu Hause?"

Seit einiger Zeit beschäftigt das Thema Flucht Kinder, Fachkräfte und Eltern in der Kita. Eine nahegelegene Unterkunft für Asylsuchende, die mediale Präsenz des Themas und Berichte von Fluchterfahrungen durch die Bewohner des Seniorenheims im Haus regen die Kinder zum gemeinsamen Nachdenken an.

Als sich einige Kinder beim Mittagessen darüber unterhalten, wo sie wohnen, fällt mehrfach der Begriff „zu Hause":

Ein Kind berichtet, dass es schon immer gegenüber der Kita wohnt und sogar seine Großeltern schon in diesem Haus gewohnt hätten: „Mein Zuhause ist ganz nah."

Ein anderes Kind berichtet, dass es erst seit einigen Wochen hier wohnt und zuvor in einer anderen Stadt gelebt hat: „So ganz zu Hause bin ich hier noch nicht."

Im Rahmen dieses Gesprächs überlegt ein weiteres Kind, wo wohl die Kinder aus der Unterkunft für Asylsuchende ihr „Zuhause" haben: „Die Kinder kommen von weit weg. Wo sind die denn zu Haus?"

Eine Fachkraft versucht das Gespräch begleitend aufzunehmen und eine Erklärung für die unterschiedlichen Situationen der Kinder zu finden – ihre spontane Antwort: „Flüchtlingskinder haben kein Zuhause."

Reflexion des Praxisbeispiels

Häufig finden sich in Kindertageseinrichtungen Kinder, die vorher in anderen Städten oder Ländern gewohnt haben. Sie haben oft unterschiedliche Erfahrungen mit dem Begriff „Zuhause" gemacht und verbinden dieses Wort mit unterschiedlichen Gefühlen. In diesem Beispiel wird über Kinder nachgedacht, die nicht nur einen Umzug aus einer anderen Stadt hinter sich haben, sondern seit langer Zeit unterwegs sind und viele verschie-

dene Übergangsorte kennengelernt haben – von ihrem ursprünglichen geografischen „Zuhause" sind sie weit entfernt.
Begriffe wie „Zuhause" und „Heimat" sind häufig sehr stark mit Persönlichkeit und Individualität verbunden, sie setzen an der Existenz des Menschen an. Kinder nehmen diese Begriffe intensiv wahr, besprechen sie untereinander und entwickeln individuelle Vorstellungen und Gefühle dazu. Häufig geht es dabei gerade um existenzielle Vorstellungen und Gefühle: So verbinden manche Kinder den Begriff „Zuhause" mit Sicherheit, Nähe und Angenommen-Sein – andere Kinder denken an das Verlassen eines vertrauten Ortes, an Unsicherheit und eventuell an Vertreibung oder Zerstörung.
Im vorliegenden Beispiel entwickelt sich ein Gespräch zwischen Kindern mit unterschiedlichen Hintergründen, Vorstellungen und Fragen: Während ein Kind wohl schon lange nahe der Kindertageseinrichtung wohnt und die Umgebung als Zuhause betrachtet, ist das andere Kind erst neulich hinzugezogen und kann die neue Umgebung noch nicht so recht als Zuhause annehmen. Durch diese Überlegungen motiviert nimmt ein weiteres Kind an der Unterhaltung teil und bringt Fragen aus seiner Lebenswelt ein, die sich auf das aktuelle Thema Flucht beziehen.

Zwei Momente dieses Beispiels sind zu reflektieren:

1. Die Bezeichnung „Flüchtlingskinder" bedarf einer Reflexion.
2. Die Tatsache, dass die Kinder in der Einrichtung sehr unterschiedliche Erfahrungen und Vorstellungen mit dem Begriff „Zuhause" verbinden, kann zu existenziellen Fragen und Themen führen, die für die kindliche Entwicklung grundlegend sind.

(**1.**) „In erster Linie Kinder" lautet der Titel einer Programmschrift der UNICEF. Hier wird klargestellt, dass es sich bei „Flüchtlingskindern" zuallererst um Kinder handelt: Um Kinder, die auf der Flucht sind und ihren Kinderstatus aufgrund dieses Umstandes selbstverständlich nicht verlieren (vgl. Deutsches Komitee für UNICEF 2014, S. 6). Bei der Verwendung des Begriffs „Flüchtlingskind" sollte stets mit bedacht werden: Die Tatsache, dass ein Kind Erfahrungen mit Flucht hat, darf nicht zum Hauptmerkmal für dieses Kind werden. Die Reduktion des Kindes auf den Zustand der Flucht kann seiner Persönlichkeit und Individualität nicht gerecht werden und zu Vorurteilen führen, die einen problematischen Umgang mit dem Kind zur Folge haben. So kann beispielsweise die Bezeichnung „Flüchtlingskind" zu verallgemeinernden Vorstellungen führen nach dem Motto: „Flüchtlingskinder sind arm und haben ein schwaches Bildungsniveau." In der Kindertageseinrichtung gilt es, diese Reflexionen bei Kindern, Eltern und Fachkräften anzuregen. Jedes Kind ist einzigartig und wertvoll, die Reduktion auf ein einzelnes Merkmal ist immer kritisch zu reflektieren. Eine kultursensible Erziehung und Bildung hat die gesamte Persönlichkeit mit ihren vielfältigen Facetten im Blick. Bei der Verwendung des Begriffs „Flüchtlingskind" sollte demnach darauf geachtet werden, dass er im Sinne einer Vielfaltssensibilität verstanden werden kann. In der Einrichtung könnte nun insofern versucht werden, vielfältige Merkmale und Vorlieben der Kinder zu sammeln und sie auf diese Weise immer neuen Gruppen zuzuordnen: „Heute morgen treffen sich alle Kinder, die gerne Äpfel essen bei der Schaukel, alle Kinder, die lieber Bananen mögen, sammeln sich an der Wippe und alle, die lieber Orangen essen, gehen zur Rutsche." Dieses Beispiel kann anhand verschiedener Vorlieben und Merkmale – zum Beispiel Farbe, Lieder, Spielzeuge etc. – durchgespielt werden. Dabei wird klar: Jedes Kind hat ganz individuelle Merkmale, Erfahrungen und Vorlieben – je nach Thema gehören wir damit unterschiedlichen Gruppen an.

(**2.**) Kinder beschäftigen sich intensiv mit Fragen, die ihre Existenz betreffen: *Wo komme ich her? Wo gehe ich hin? Wo gehöre ich hin und zu wem gehöre ich?*

Dies sind nur einige wenige Fragen, die Kinder bereits sehr früh durchdenken und zu denen sie sehr individuelle, teilweise unkonventionelle und häufig kreative Antworten entwickeln. Kinder können gemeinsam über existenzielle Fragen philosophieren. Das Thema „Zuhause" kann zu einem existenziellen Thema werden, wenn Kinder ihre Erfahrungen und Gefühle miteinander teilen. Im vorliegenden Fall zeigen sich sehr unterschiedliche Vorstellungen zu dem Begriff „Zuhause" – die Kinder bringen vielfältige Hintergründe mit. Dabei wird auch klar, dass Kinder mit Fluchterfahrungen mit problematischen und vermutlich belastenden Situationen konfrontiert werden, da sie mit ihren Familien unfreiwillig einen langen Weg zurücklegen mussten und aktuell keinen festen und zuverlässigen Ort kennen. Die Fachkraft tut gut daran, dieses Gespräch aufzunehmen und die Kinder in ihrer Diskussion zu unterstützen. Die vorschnelle und durchaus problematische Antwort „Manche Kinder haben kein Zuhause" ist allerdings nicht konstruktiv, da sie in ihrer Abgeschlossenheit weitere kindliche Denkprozesse unterbindet und den betroffenen Kindern die Chance auf ein Zuhause abspricht. In diesem Einwand der Fachkraft findet sich eben keine „Hoffnung auf eine lebenswerte Zukunft" (Kultusministerium 2015, S. 167), wie sie der Orientierungsplan einfordert, sondern eher ein pessimistischer Ausblick und eine Stigmatisierung.

Konstruktive Entwicklungsmöglichkeiten für die Praxis

Das gemeinsame Nachdenken über existenzielle Fragen und die gemeinschaftliche Reflexion möglicher Antworten in der Kindertageseinrichtung kann philosophische Züge tragen: Kinder konstruieren ganz persönliche Vorstellungen und Antworten auf ihre Fragen – diese Fähigkeiten können konstruktiv gefördert werden (vgl. Kultusministerium 2015, S. 166). Im vorliegenden Beispiel kann über die Frage nach dem „Zuhause" in verschiedenen Schritten philosophiert werden:

1. Eine konstruktive Atmosphäre schaffen

Gemeinsam mit den Kindern wird ein entspannter Ort ausgewählt, an dem man sich in der Gruppe unterhalten kann. Rituale und Regeln für gemeinsame Gespräche können eingeführt bzw. etabliert werden. Die Kinder benötigen eine Atmosphäre, in der sie sich sorgenfrei und selbstbewusst äußern dürfen – die Wertschätzung ihrer Antworten und Denkimpulse ist dafür zentral.

2. Gemeinsam nachdenken

Zu dem Thema „Zuhause" können unterschiedliche methodische Zugänge angeboten werden. Eine kurze Geschichte, ein Lied, Bilder oder Gegenstände, die man mit dem Begriff verbinden kann, sind hier möglich. Dabei ist darauf zu achten, dass durch die verwendeten Materialien keine Stereotype entwickelt oder gefestigt werden – vielmehr ist auf eine mehrperspektivische und vielfältige Materialauswahl zu achten (vgl. Kapitel 2.10). Alle teilnehmenden Kinder dürfen dabei ganz offen und spontan äußern, was sie mit dem Begriff „Zuhause" und den Materialien verbinden. Zusätzlich können Beispiele von Identifikationsfiguren oder berühmten Persönlichkeiten besprochen werden, die verschiedene Formen eines Zuhauses erlebt haben – die Kinder können so anhand eindrücklicher Beispiele erfahren, dass ein Zuhause verschiedene Formen haben kann und haben darf.

Hier gibt es auch die Möglichkeit *Persona Dolls* (vgl. Brown 2001; Bowles 2004) einzuführen. Dies sind selbst hergestellte Puppen in der Größe von Kitakindern. Mit Persona Dolls können ganz unterschiedliche Möglichkeiten, wie Kinder in unterschiedlichen Regionen der Einen Welt leben, in aller Vielfalt dargestellt werden. Jede Persona Doll bekommt eine persönliche Biografie zugeschrieben, die nie einer realen Person nachgebildet ist. Diese Biografie wird eingebettet in eine Familiengeschichte. Die Persona Doll hat individuelle Vorlieben und Abneigungen, erlebt Freuden und Trauriges. Bei der Zuschreibung des Charakters für die Persona Doll wird darauf geachtet, dass keine Vorurteile bedient werden. Die Persona Doll besucht die Kinder in der Kindertageseinrichtung und berichtet aus ihrem Leben. Oft ist die Geschichte der Persona Doll so angelegt, dass ein Thema, welches bereits mit den Kindern bearbeitet wurde, noch einmal vertieft werden kann. Die Persona Doll erzählt aus ihrem Leben, stellt den Kindern Fragen, bittet die Kinder um Rat oder beantwortet ihre Fragen. Ziel ist es, die Kinder durch die Persona Doll dazu anzuregen, sich einzufühlen und auch über das eigene Fühlen und Erleben miteinander ins Gespräch zu kommen. Die Methode des Einsatzes von Persona Dolls eignet sich gut für das Philosophieren mit Kindern. In dem hier besprochenen Beispiel könnten die Biografien zweier Kinder mit unterschiedlichen Fluchterfahrungen als Persona Dolls eingeführt werden. Die den Puppen zugeschriebenen Charaktere sollten jenseits von Klischees angelegt sein. Es sollten die Probleme von Flucht kindgerecht angesprochen werden, aber auch die Stärken der Persona Dolls und ihre Hoffnungen zum Ausdruck kommen. Gemeinsam könnten die Kinder überlegen, was Kinder mit Fluchterfahrung, die neu in einer Kita sind, brauchen, was sie unterstützen und erfreuen könnte und was ihnen gut und auch was nicht gut tun würde. Dies könnte zur Vorbereitung auf die Aufnahme eines Kindes mit einer Familie im Asylverfahren dienen. Wichtig ist, dass beim Einsatz der Persona Doll der Gesprächsverlauf offen bleibt. Die Persona Dolls lehren nicht. Sie erzählen, diskutieren und regen so zum eigenständigen Denken an.

3. Die Gespräche sichern

Die Assoziationen, Erfahrungen, Gefühle und Ideen der Kinder werden festgehalten, damit die Fachkraft im weiteren Verlauf darauf zurückgreifen kann. Dabei muss klar werden, dass alle Ideen ihren Platz haben und wertgeschätzt werden.

4. Unterschiede besprechen, Gemeinsamkeiten betonen

In dieser Phase kann die Fachkraft die bisherigen Äußerungen der Kinder bündeln, besonders spannende Momente besprechen und auch persönliche Perspektiven einbringen. Wichtig dabei ist, dass die Vielfalt der Ideen und Vorstellungen dabei nicht verloren geht. Im Gespräch muss klar werden, dass es vielfältige Vorstellungen zum Begriff „Zuhause“ gibt und alle ihre Berechtigung haben.

5. Das Philosophieren wird konkreter

Von der gemeinsamen Reflexion des Begriffs „Zuhause“ werden nun Brücken zum Alltag in der Kindertageseinrichtung und darüber hinaus gebaut. So könnte beispielsweise betont werden, dass man sich „zu Hause“ fühlt, wenn man Freunde findet und sich sicher fühlt – unter diesen Aspekten kann auch die Kindertageseinrichtung zu einem „Zuhause“ werden.

6. Weiterführende Fragen entwickeln

Aus dem gemeinsamen Philosophieren heraus können sich Fragen ergeben, die zu Chancen für die Kindertageseinrichtung werden. Vielleicht finden sich Momente, die in der Einrichtung fehlen, um sich „zu Hause" zu fühlen – vielleicht wird überlegt, wie man Kindern mit Fluchterfahrungen das Gefühl des „Zuhause-Seins" besser ermöglichen kann. Die entscheidenden Antworten sind bei allen Kindern in der Einrichtung zu finden: Im Rahmen der beschriebenen Schritte können sie äußern, was für sie „zu Hause" bedeutet, warum sie sich in der Kita „zu Hause" fühlen bzw. was ihnen fehlt, um auch in der Kita „zu Hause" zu sein.

Die hier besprochenen Schritte können grundlegenden Ideen des sokratischen Gesprächs folgen: Es geht um das eigenverantwortliche Nachdenken, die Reflexion und Besinnung auf eigene und andere Erfahrungen und Vorstellungen (vgl. Kultusministerium 2015, S. 168f). Die Fachkraft hat in erster Linie die Aufgabe, dieses Gespräch zu initiieren und zu moderieren. Die Fragen und Antwortversuche der Kinder stehen im Mittelpunkt. Dabei wird klar, dass „zu Hause" vielfältige Bedeutungen haben kann und für jeden mit einzigartigen Vorstellungen verbunden ist. Hinzu kommen die persönlichen Perspektiven der Fachkraft, die im Gespräch auf Augenhöhe wertvolle Impulse liefern können.

Vor dem Hintergrund kultureller Vielfalt und der Dringlichkeit des Themas Flucht ist der Begriff „Zuhause" somit besonders spannend. Allen vorgestellten Schritten liegt daher ein sensibler Umgang mit den vielfältigen kulturellen und persönlichen Vorstellungen zu diesem Begriff zugrunde. Jeder Mensch darf ein Zuhause haben oder eben ein neues Zuhause für sich schaffen. Alle Erfahrungen und Gefühle, die sich mit diesem existenziellen Begriff verbinden, sind achtsam anzunehmen und konstruktiv zu entwickeln – so kann ein Zuhause beispielsweise am Gefühl der Geborgenheit und Freude überall dort entstehen, wo sich das Kind wohlfühlt und wertgeschätzt wird.

Zwischenfazit

In gemeinsamen Gesprächen mit anderen Kindern und Bezugspersonen reflektieren Kinder existenziell bedeutsame Fragen und diskutieren vielfältige Antwortmodelle. Diese Prozesse bedürfen einer kultursensiblen Begleitung und vielfältiger Perspektiven. Durch eine konstruktive Förderung können Kinder ihre philosophischen Fähigkeiten (weiter-)entwickeln und verständnisvolle Partner finden (vgl. Kultusministerium 2015, S. 167). Im vorliegenden Beispiel kann so klar werden, dass ein „Zuhause" keinen festen Ort beschreiben muss, sondern vielfältige Bedeutungen haben kann, die ganz individuell gewichtet werden. „Zu Hause" kann auch ein Gefühl sein, das Kinder für die Kita entwickeln. Im gemeinsamen Philosophieren kann dann weiter klar werden, dass ein Mensch mehr als ein Zuhause haben kann oder dass ein neues Zuhause hinzukommen kann und dass die Vielfalt der Vorstellungen zu diesem Begriff eine spannende Grundlage für weitere Diskussionen bietet. Eine Umsetzung in der Kita kann dabei verschiedene Formen annehmen, die sich an den Bedürfnissen, Vorstellungen und Erfahrungen von Kindern, Eltern und Fachkräften orientieren und gemeinsam umgesetzt werden sollten:

- Eine gemeinschaftliche und individuelle Begrüßung und Verabschiedung,
- die Betonung, dass es jeden Tag aufs Neue schön ist, einander wiedersehen zu dürfen,
- gemeinsam gestaltete und getragene Rituale zum Essen, Spielen, Schlafen,
- weiterführende Kontaktmöglichkeiten nach den Betreuungszeiten und in den Ferien.

„Zuhause" kann so für alle Kinder unter verschiedenen Perspektiven wahrnehmbar und auch in der Einrichtung erlebbar gemacht werden. Dies ist für alle Kinder in der Kita von existenzieller Bedeutung und kann zu einem sensibleren Umgang mit Kindern führen, die angeblich „kein Zuhause haben".

2.3 Qualitätsmerkmal: Mehrsprachigkeit wertschätzen und unterstützen – die Erstsprache als Brücke in die Zweitsprache nutzen

Bezug zum Orientierungsplan

„Das Aufgreifen der Vielfalt der Sprachen bedeutet eine Würdigung und Wertschätzung, die das einzelne Kind stärkt und anspornt, Anstrengungen zu unternehmen, seine sprachlichen Fähigkeiten zu erweitern." (Kultusministerium 2015, S. 132)

Zur Diskussion: Umgang mit der Erstsprache

Im Rahmen einer Interviewstudie zur Wahrnehmung ihrer mehrsprachigen Sprachbiografie befragt, berichtet die inzwischen neunjährige Anna rückblickend zunächst von einer Situation aus dem ersten Schuljahr, in der sie sich in der Pause mit ihrem Bruder auf Kroatisch unterhalten hatte. Die beiden überlegten, wen sie zum Geburtstag einladen wollen. Andere Kinder hörten dabei ihre Namen und befürchteten, dass schlecht über sie geredet würde, woraufhin die Lehrerin in Annas Erinnerung so reagierte: *„Sie hat das verboten, sie hat gesagt, dass wir aufhören sollen zu sprechen."* Dass es in Schulen entsprechende Regelungen gibt, wird immer wieder kontrovers diskutiert. Weniger bekannt ist, wie Kindertageseinrichtungen mit den Erstsprachen umgehen. Anna kommt gleich im Anschluss an die Schilderung dieses für sie sehr eindrücklichen Vorfalls auf eine prägende Erfahrung in ihrer Kita zu sprechen: *„Im Kindergarten haben die uns immer verboten, weil wir da geredet haben, aber wo wir in den Kindergarten gekommen sind, da konnten wir ja fast nur Kroatisch."*
(Aus einem Interview, geführt im Rahmen eines Projektmoduls an der Hochschule Esslingen, 2013. Die Namen wurden anonymisiert.)

Reflexion des Praxisbeispiels

In vielen Kindertageseinrichtungen stellt sich die Frage, wie man mit der Erstsprache von Kindern, die ohne oder mit nur wenigen Kenntnissen der deutschen Sprache in die Einrichtung kommen, umgehen kann. Die Einrichtungen verstehen es zu Recht als ihre Aufgabe, den Kindern so rasch und intensiv wie möglich den Weg in die deutsche Sprache zu ebnen (vgl. Kultusministerium 2015, S. 134). Kommen Kinder in die Kita und treffen dort auf Kinder gleicher Erstsprache oder handelt es sich um Geschwister, so sind die Einrichtungen besorgt, dass sich der Erwerb der Zweitsprache Deutsch verzögert, wenn sich die Kinder miteinander in ihrer Erstsprache verständigen.

Sicherlich wird der Umgang mit der Erstsprache nicht in jeder Einrichtung so rigoros gehandhabt, wie es Anna hier rückblickend schildert. Deutlich wird, wie dies nachhaltig auf Anna wirkte, die sich quasi ihrer Sprache „beraubt" fühlte und ganz realistisch darauf verweist: *„... da konnten wir ja fast nur Kroatisch."* Anna fühlte sich unverstanden. Warum sollte sie nicht mehr die bis dahin für sie normale Sprache sprechen, mit der sie sich gut ausdrücken konnte? Wie sollte sie dann sprechen, wenn keine andere Sprache zur Verfügung steht oder diese nur unzureichend ist? Warum sollte sie mit Kindern, die dieselbe Sprache sprechen, auf eine andere Sprache ausweichen? Anna ist es gelungen, dennoch die Freude an Sprache und am Sprechen beizubehalten. Doch die Ablehnung der Erstsprache kann im ungünstigen Fall zu einem gravierenden Einschnitt in der Sprach- und Bildungsbiografie eines Kindes führen. Eine Ablehnung wird eventuell auch ohne ausdrückliches „Sprachverbot" bereits dann für Kinder spürbar, wenn sie merken, dass ihre Kompetenzen in der Kita nicht bemerkt werden oder dass man mit ihnen gar nicht oder altersunangemessen „wie mit einem Baby" spricht. Als Ablehnung kann aber auch die stetig wiederholte Aufforderung „Jetzt sprecht doch mal Deutsch miteinander" empfunden werden. Schwierig wird es auch, wenn die Kinder merken, dass verschiedene Sprachen mit einem unterschiedlich hohen Ansehen verbunden werden und die eigene Erstsprache weniger zu gelten scheint: Man soll Deutsch, aber nicht Albanisch sprechen – aber wenn Pascal nach den Ferien, wenn er bei seiner Oma war, manches auf Französisch sagt, dann loben ihn die Erzieher_innen, warum?

Besondere Beachtung braucht der Umgang mit der Sprache bei der Eingewöhnung und in den ersten Monaten in der Einrichtung. Im Falle von Kindern, die Deutsch nur wenig oder gar nicht verstehen und sprechen, kommt zu der Herausforderung der Übergangsbewältigung noch die Herausforderung hinzu, in eine für sie neue Sprachwelt einzutreten. Der Orientierungsplan bezeichnet die Erstsprache für das Kind treffend als „die Sprache, die ihm Orientierung und Sicherheit gibt, die Sprache, in der es sich wohlfühlt" (Kultusministerium 2015, S. 133).

Doch auch für die Fachkräfte ist es nicht einfach, Kinder in die Kita einzugewöhnen und mit Kindern zu arbeiten, mit denen eine verbale Verständigung zunächst schwer oder fast unmöglich ist. Es mag ein Gefühl von Hilflosigkeit entstehen. Sehen sie, dass sich das Kind mit anderen Kindern in seiner Erstsprache verständigen kann, befürchten sie, dass das Kind nicht für das Deutschlernen motiviert sein könnte. Wechselt das Kind zwischen den Sprachen, vermuten sie möglicherweise, dass die Kinder durcheinander kommen und möchten deshalb, dass das Kind ganz in die Sprache Deutsch eintaucht.

Dagegen gilt es, die Kompetenzen, die sich die Kinder in der Erstsprache angeeignet haben, wahrzunehmen (Kultusministerium 2015, S. 134), diese anzuerkennen und die Kinder nicht als Sprachneulinge, sondern als Sprachkundige auf ihrem jeweiligen Sprach- und kognitiven Entwicklungsstand zu sehen – auch dann, wenn dies angesichts des geringen Wortschatzes schwierig erscheint. Das Interesse der Kinder an Sprache und ihre Begeisterung für das Sprechen darf keinesfalls geschmälert werden. Den Kindern sollte nie das Gefühl vermittelt werden, ihre Erstsprache sei unerwünscht oder weniger wichtig als die deutsche Sprache. Es gilt, ihre Erstsprache wertzuschätzen und ihre Eltern zu ermutigen, den weiteren Erwerb dieser Sprache zu unterstützen. Gleichzeitig stellt sich der Kita die Aufgabe, den Zweitspracherwerb sowohl quantitativ als auch qualitativ so gut und hochwertig wie nur möglich zu begleiten und zu unterstützen. Die Phase, in der die Zweitsprache Deutsch den Kindern noch wenige Möglichkeiten bietet, sich und ihre Gedanken auszudrücken und Zugänge zu Gleichaltrigen über Sprache zu gewinnen, muss für die Kinder bewusst und unterstützend gestaltet werden. Den Übergang auch mit Blick auf sprachliche Bildung zu bedenken, bedeutet dafür zu sorgen, dass Folgendes gelingt:

- Die Kindertageseinrichtung wird für die Kinder eine wichtige Lebenswelt, der sie sich zugehörig und in der sie sich angenommen fühlen.
- Die Kinder finden Zugang zum Spiel mit deutschsprachigen Kindern.
- Sie erleben, dass man ihnen zuhört und mit ihnen spricht.

Dann werden sie sich auf den Weg hinein in die deutsche Sprache machen, weil sie diese als wichtig und für sich bedeutsam erleben, um mit den Personen, die diese Sprache sprechen, zu kommunizieren. Im Dialog mit den Geschwistern oder gleichsprachigen Freunden hingegen ist es bei sukzessivem Zweitspracherwerb selbstverständlich, in der Erstsprache zu sprechen, insbesondere solange diese die dominante und stärkere Sprache ist. Gerade die Fähigkeit zum Wechsel der Sprachen, zur Anpassung an den Gesprächspartner und an die Situation, zeugt von Sprachkompetenz und ist ein Ziel des Umgangs mit der eigenen Mehrsprachigkeit. Deshalb sollte man in der Kita keine generellen Regeln zur Sprachverwendung aufstellen, sondern lieber genau beobachten, in welchen Situationen ein Kind welche Sprache spricht und ergründen, warum es das tut und welchen Sinn dies für das Kind hat. Aus dieser Beobachtung heraus lassen sich Ansatzpunkte dafür finden, Deutsch notwendig und verlockend zu machen, weil es ein wichtiges Mittel wird, Beziehungen einzugehen und sich auszutauschen. So gilt es, gezielt eine Brücke zu bauen von der Erstsprache hin zur Zweitsprache und es gilt, beide Fundamente dieser Brücke stetig zu pflegen und zu sichern.

Wenn dies gut gelingt, dann könnte sich ein Kind über seine Mehrsprachigkeit so positiv äußern wie Serkan, 10 Jahre alt, dies im Rahmen der oben erwähnten Interviewreihe macht: *„Also ich kann sagen, ich bin sehr fröhlich, dass ich die türkische Sprache sprechen kann und des is' ja auch 'ne sehr schwere Sprache (...) Aber es freut mich, dass ich eines der Kinder bin mit zwei Sprachen."*

Konstruktive Entwicklungsmöglichkeiten für die Praxis

Wie kann nun die Brücke gebaut werden? Wie kann man die Kinder erleben lassen, dass man ihre Erstsprache schätzt, wenn keine der Fachkräfte diese Sprache spricht? Wie kann man gleichzeitig den Zugang zur Zweitsprache Deutsch ermöglichen?
Hierzu einige Anregungen, wie man den Übergang von der Lebenswelt Familie, in der die Erstsprache gesprochen wird, hin zur Lebenswelt Kita, in der die Zweitsprache gesprochen wird, gelingend gestalten kann:

1. Die Sprachbiografie in Gesprächen mit Eltern thematisieren

In den Gesprächen mit Eltern empfiehlt es sich, nach der Sprachbiografie des Kindes und nach den sprachlichen Gewohnheiten der Familie zu fragen. Welche Sprache(n) wird in der Familie gesprochen? Welche Sprache mit Verwandten, Freunden und Nachbarn? Welche Kontakte hat das Kind in die deutschsprachige Umgebung hinein (Einkaufen, Spielplatzbesuch, etc.)? Welche Sprache hört das Kind (z.B. über das Fernsehen)? Spricht das Kind gerne? In welchen Situationen? Wie schätzen die Eltern die sprachlichen Fähigkeiten des Kindes in der Familiensprache ein – z.B. spricht es die Laute richtig aus, kann es schon alle Laute der Sprache? Kann man es gut verstehen? Kennt es schon viele Wörter? Kann es Fragen stellen oder Wünsche äußern?

Wichtig ist, dass die Eltern merken, dass die Einrichtung Interesse an der Erstsprache des Kindes hat und dass sie erfahren, dass für die Kita die Sprache in der Familie wichtig ist. Auch während weiterer Gespräche mit den Eltern wird der Spracherwerb des Kindes in beiden Sprachen thematisiert: Welche Fortschritte macht es, was fällt den Eltern auf, was den Fachkräften?
Man kann mit den Eltern zusammen auch überlegen, wie sie auf Anregungen in beiden Sprachen achten können.

2. Sprachliche Bildung in der Familie unterstützen

Die Befürchtung, dass es zu einer für die Sprachentwicklung ungünstigen Sprachvermischung oder zu einer Überforderung kommt, wenn das Kind zwei oder mehr Sprachen gleichzeitig oder kurz nacheinander erlernt, ist unbegründet. Darauf weisen aktuelle Forschungsergebnisse hin (vgl. z.B. Tracy 2007). Kinder können mehr als eine Sprache gleichzeitig erlernen. Damit dies gelingt, ist es jedoch sehr wichtig, dass die Kinder unter sprachförderlichen Bedingungen aufwachsen. Hierzu brauchen sie viele Gelegenheiten, beide Sprachen zu hören und zu sprechen. Der sprachliche Input sollte vielfältig und reichhaltig sein (vgl. Jeuk 2003, S. 294; Rothweiler/Ruberg 2011, S. 19) und beide Sprachen müssen für das Kind von Bedeutung sein (vgl. Rothweiler/Ruberg 2011, S. 19). Wenn diese Gelingensbedingungen gegeben sind, kann frühe Mehrsprachigkeit durchaus vorteilhaft für den Erwerb weiterer Sprachen sein (vgl. Tracy 2007, S. 58). Das Phänomen der Sprachmischung ist im mehrsprachigen Erwerbsverlauf von Kindern unbedenklich. Wenn sie Wörter aus ihrer Erstsprache benutzen und in Sätze einer anderen Sprache einbauen – der Fachbegriff dafür lautet *Code-mixing* –, so zeigt sich darin sogar eine wichtige und erwünschte Kompetenz. Sie hilft, beim Erlernen einer neuen Sprache, Wortschatzlücken zu überbrücken (vgl. Komor/Reich 2008, S. 56) und den „Fluss eines Redebeitrags aufrechtzuerhalten" (Tracy 2007, S. 56). Auch das Phänomen, dass es zum Wechsel zwischen Sprachen kommt, wenn über verschiedene lebensweltliche Bereiche gesprochen wird, die mal mehr von der einen oder mehr von der anderen Sprache beeinflusst sind, gilt als unbedenkliches Durchgangsstadium hin zum kompetenten Gebrauch beider Sprachen.

Die Kita achtet die Erstsprache des Kindes und ermutigt die Eltern, diese zu pflegen und zu unterstützen. Beachtet man, dass die Erstsprache der „innere Motor" (Reich 2009, S. 260) für den Zweitspracherwerb sein kann, so ist es wichtig, dass diese ihren Vorsprung vor der Zweitsprache behält und nicht auf dem Stand, mit dem das Kind in die Kita kommt, „eingefroren" wird – man spricht in der Fachsprache von der Gefahr der Fossilierung. Nur wenn die Kinder ihre Erstsprache weiterentwickeln, bleibt ihnen der altersangemessene sprachliche Austausch mit ihren Eltern erhalten (vgl. Rothweiler/Ruberg 2011, S. 19f). Auch die frühe literale Bildung, also die frühen Erfahrungen mit Schrift und Büchern, findet zu weiten Teilen in der Familie statt, vor allem über das Vorlesen und Erzählen von Geschichten. Hierbei werden wichtige Grundlagen für den späteren Schriftspracherwerb gelegt. Beim Geschichtenerzählen und Vorlesen nähert sich die mündliche Sprache der schriftlichen Form an. So wird eine wichtige Basis für die in der Schule verwendete „Bildungssprache" (Gogolin/Lange 2011) gelegt. Deshalb sollten Familien in ihrer Kindertageseinrichtung von den pädagogischen Fachkräften ausdrücklich ermutigt werden, den Kindern Geschichten zu erzählen und ihnen vorzulesen und zwar in der Sprache, die sie sicher beherrschen und in der sie sich wohlfühlen.

3. Sprachliche Brücken bauen

Möglich ist, dass die Einrichtung jedem Kind eine sprachliche Brücke bietet, z.B. indem in den ersten Wochen die Begrüßung und Verabschiedung des Kindes in beiden Sprachen erfolgt. In der Regel sind die Eltern gern bereit, die Fachkräfte dabei zu unterstützen. Man kann im Kita-Alltag Lieder oder Sprechverse einsetzen, die das Kind von zu Hause kennt und gut mitsprechen kann. Mitunter hilft eine Recherche nach entsprechenden Materialien im Internet weiter (vgl. z.B. Buchstart o.J.) Die Eltern könnten gebeten werden, Texte zu lesen und auf Tonträger aufzuzeichnen. Es kann z.B. ein Ritual werden, jeweils eine Strophe aus der Erstsprache und anschließend eine auf Deutsch zu sprechen oder zu singen.

4. Orientierung und Sicherheit bieten

Für die Orientierung in der Kita braucht es insbesondere für Kinder, die noch kein Deutsch sprechen, klare Abläufe und Routinen. Mit Hilfe von Fotos, die alltägliche Situationen darstellen oder wichtige Gegenstände aus der Kita zeigen, können die Kinder ausdrücken, was sie möchten. So bleiben sie handlungsfähig, obwohl die sprachlichen Mittel noch begrenzt sind. Die Fachkraft modelliert dies auf Deutsch, indem sie das, was das Kind möchte, mit einem Wort oder mit einem einfachen Satz wiedergibt – anfangs nach einem gleichbleibenden Muster, allmählich dann mit sprachlichen Variationen. So führt die Fachkraft das Kind im Alltag systematisch zu dem Wortschatz hin, den es für den Kindergartenalltag benötigt.

5. Sprachliche Routinen einüben

Alltagssprachliche Routinen, die die Kinder in der Kita sprachlich handlungsfähig machen, werden in alltagsnahen Spiel- und Handlungssituationen mit der Fachkraft gezielt eingeübt. So können wiederkehrende sprachliche Formate, wie z.B. das Begrüßen und Verabschieden, um etwas bitten und sich bedanken, im Rollenspiel oder in den realen Situationen immer wieder in Deutsch durchgespielt werden. Gut geeignet sind auch wiederkehrende Handlungsabläufe wie das Tischdecken und -abräumen, das Essen oder das Anziehen.

6. Sprechanlässe aus der Lebenswelt als Ausgangspunkt für sprachliche Bildung nehmen

Ein kleines, selbst angefertigtes Fotobuch zeigt Personen und Orte, die für das Kind wichtig sind. Dieses Fotobuch bietet dem Kind einen emotional bedeutsamen Sprechanlass und emotionale Sicherheit. Weitere Fotobücher können entstehen, z.B. über den Weg von zu Hause in den Kindergarten, über die Begrüßung im Kindergarten oder über das Mittagessen. So werden täglich wiederkehrende Gegebenheiten aus der Lebenswelt des Kindes visualisiert und können in Sprache gekleidet werden – mit den Eltern zu Hause in der Erstsprache, in der Kita auf Deutsch. Die Kinder können der Fachkraft dabei auch Worte dafür diktieren. So sehen sie, wie diese Sprache in Schrift umwandelt und wie eigene, persönliche Bilderbücher entstehen. Vielleicht lassen sich auch die Eltern motivieren, etwas in der Erstsprache dazuzuschreiben?

7. Zugänge zu Gleichaltrigen sichern

Wenn Kinder die Sprache nur eingeschränkt sprechen, tun sie sich manchmal schwer, Zugänge zum Spiel mit Gleichaltrigen zu bekommen oder im Spiel dabeizubleiben (vgl. Albers 2009, insbesondere Kapitel 7.2.3). Das ist schade, denn vom Spiel mit deutschsprachigen Kindern könnten die Kinder profitieren. So sollte die Fachkraft den Kindern helfen, Zugänge zu Spielsituationen zu finden (vgl. Albers 2009, S. 268). Einschränkend muss aber darauf hingewiesen werden, dass sprachförderlicher Einfluss auf den Spracherwerb durch die Gleichaltrigen nur dann erfolgen kann, wenn genügend Kinder mit sicheren Kenntnissen dieser Sprache in der Einrichtung sind. Darüber hinaus reicht es grundsätzlich nicht aus, dass Kinder nur durch die Interaktion mit anderen Kindern die Sprache lernen – dies ist aber ein wichtiger Baustein für den Zweitspracherwerb.

8. Sprachliche Vielfalt sichtbar machen und wertschätzen

Sprachliche Vielfalt wird in der Kita gelebt und sichtbar gemacht. Mehrsprachige Bücher, mehrsprachige Lieder und Bewegungsspiele, mehrsprachige Tonträger und Beschriftungen in verschiedenen Sprachen und Schriften wecken das Interesse an Sprachen. Eltern oder andere Personen werden eingeladen, als (mehrsprachige) Lesepaten und Sprachvorbilder in die Kita zu kommen. Die Kinder erfreuen sich am unterschiedlichen Klang der Sprachen und entdecken Gemeinsamkeiten und Unterschiede. Es gibt Sprachen, da heißt das Haus „Haus" oder „house", was ganz ähnlich klingt, es kann aber auch „la casa" oder „ev" heißen, was ganz anders klingt. Wer kennt noch eine Bezeichnung für Haus? So wird gleichzeitig metasprachliches Wissen, im Sinne eines Nachdenkens über Sprache, aufgebaut und phonematisches Bewusstsein angebahnt, indem in die Sprachen intensiv „hineingehört" wird.

Zwischenfazit

Dass in einer Kindertageseinrichtung Menschen mit verschiedenen Sprachen zusammentreffen, bietet allen Kindern schon früh die Gelegenheit, zu erleben, dass es auf der Welt viele Sprachen gibt. Sie erfahren Sprachenvielfalt als Normalität. Für Kinder steht die phonische (lautliche) und prosodische (sprachmelodische) Dimension von Sprache im Vordergrund. Sie lieben es, dem Klang und der Melodie der verschiedenen Sprachen zu lauschen. Gemeinsamkeiten können entdeckt, Unterschiede wahrgenommen werden. Zu vermeiden ist es, von „unserer" und den „anderen" Sprachen zu sprechen, denn damit würde eine Vorstellung über das, was „normal" und das, was als „anders" zu bewerten ist, nahegelegt. Jede Sprache ist wertvoll und für die, die sie sprechen, subjektiv bedeutsam. Wer verschiedene Sprachen oder Sprachvarietäten (das sind zum Beispiel Dialekte) beherrscht, hat ein breiteres Repertoire von Ausdrucksmöglichkeiten und Zugängen zur Welt. Ein kleiner Ausschnitt aus der weltweiten Sprachenvielfalt findet sich heute fast in jeder Kita – und man kann sich aufmachen, noch weitere Sprachen zu entdecken. Sprache eröffnet Welten. Dementsprechend ist dem Bildungs- und Entwicklungsfeld *Sprache* im Orientierungsplan folgender Gedanke des Philosophen Ludwig Wittgenstein vorangestellt: „Die Grenzen meiner Sprache bedeuten die Grenzen meiner Welt" (zitiert nach Kultusministerium 2015, S. 129). Gute Kenntnisse der Erstsprache aufgrund eines kontinuierlichen Erwerbs während der gesamten Kindheit und gute Kenntnisse der Zweitsprache Deutsch können einander problemlos ergänzen. Beide erweitern die Grenzen der Welt und bilden eine wichtige Basis für den Erwerb weiterer Sprachen. Damit wird den Kindern ein wesentliches Fundament für eine gelingende (Bildungs-) Biografie in einer von Mehrsprachigkeit geprägten Welt gelegt.

2.4 Qualitätsmerkmal: Kulturelle Vielfalt differenziert betrachten und unter Gerechtigkeitsaspekten bedenken

Bezug zum Orientierungsplan

„Wo und wie erfahren Kinder zwischen Gerechtigkeit und Ungerechtigkeit zu unterscheiden?" (Kultusministerium 2015, S. 168)

Zur Diskussion: Das „Projekt"

Im lichtdurchfluteten Eingangsbereich einer großen Kindertageseinrichtung ragt eine überlebensgroße Skulptur auf: Die aus bemaltem und lackiertem Pappmaschee gestaltete menschliche Figur mit ausladend üppigen Körperformen, tiefschwarzen Gliedmaßen, ohne Hände, trägt einen aus kunterbunten Flicken bestehenden Badeanzug ohne Träger, unter dem sich füllige Brüste und ein massiger Bauch abzeichnen. Der tiefschwarze kahle Kopf der Figur ist im Vergleich zum mächtigen Körper klein gestaltet. Die Figur hat kein Gesicht, lediglich die Augenhöhlen sind angedeutet. Die Skulptur wirkt so, als tanze sie auf übergroßen Füßen, führe gerade eine Drehbewegung aus und ließe dabei die runden Arme vor ihrem Körper in die Höhe wirbeln. „Das ist unsere *Mamma Afrika*", erläutert hierzu die Leitung. „Wir haben in den letzten Wochen ein Projekt über Afrika hier bei uns durchgeführt. Die Kinder haben ganz wunderbar mitgemacht und viele Lagen Pappmaschee auf die von einer künstlerisch begabten Mutter mit Maschendraht vorgeformte Figur geklebt. Ein Kind mit afrikanischen Wurzeln – eine Urgroßmutter stammte wohl aus Tansania – haben wir die tansanische Landesfahne ausmalen lassen. Die hat das Kind wohl hier zum ersten Mal gesehen. Nun schmückt auch diese Fahne unsere Weltkarte, auf der wir sehen können, woher unsere Kinder alle stammen. Außerdem wurden im Garten kleine Hütten gebaut. Im Rhythmus von Bongotrommeln haben die Kinder davor getanzt. Die ganze Woche über hatten wir wunderbares Sonnenwetter. Paradiesisch, hier mitten in der Stadt."

Reflexion des Praxisbeispiels

Handelt es sich hier um ein gelungenes Bildungsprojekt? Dafür spricht zunächst, dass ein Projekt durchgeführt wurde, an dem alle gern mitwirkten: Die Kinder hatten ihre Matsch- und Klebeaktion. Sie waren ausdauernd bei der Sache. Das Angebot wurde inklusiv angelegt, sodass alle Kinder ungehindert mitarbeiten konnten. Die Kinder konnten ihren eigenen Körper über viele Sinneseindrücke erfahren. Die Hände wühlen im Kleister, die

Ohren lauschen Trommelklängen, der Gleichgewichtssinn wird im Tanz herausgefordert. Die pädagogischen Fachkräfte meinen zu spüren, dass ihre Projektidee bei den Kindern ankommt. Bereits kleine Kinder lassen sich inspirieren zu künstlerischem Ausdruck. Auch einige Eltern äußern sich erfreut über die Leistung der Kinder, eine riesengroße Skulptur miterschaffen zu haben. Dies alles sind beachtliche pädagogische Leistungen. Und dennoch ist darüber hinaus zu fragen: Handelt es sich um ein Bildungsprojekt, das kultursensibel angelegt ist und unter dem Aspekt Gerechtigkeit bedacht ist? Denn eingefügt sind diese Anstrengungen und Leistungen in einen spezifischen historischen Kontext. Dieser Kontext muss zwingend mitbedacht werden. Erst dann kann entschieden werden, ob es sich hier in der Tat um ein Bildungsprojekt handelt, das auf Gerechtigkeit abzielt.

Aus einer sozialphilosophischen Perspektive heraus, kann Gerechtigkeit in dieser Weise definiert werden: Demnach strebt Gerechtigkeit danach, Gleichberechtigung für Verschiedene zu verwirklichen (vgl. Fraser 1997). Die Gleichberechtigung soll sich auf Gesetze, aber auch übergreifend auf gesellschaftliche Ordnungssysteme, auf deren Symbole und Bilderwelten beziehen. Auf Gleichberechtigung haben alle Menschen einen Anspruch. Um diesen Anspruch einzulösen, müssen sie nicht erst alle gleich werden. Gerechtigkeit ist vielmehr dann gegeben, wenn Menschen in all ihrer Verschiedenheit Gleichberechtigung erfahren.

Der Orientierungsplan weist darauf hin, dass in Kitas die Frage nach Gerechtigkeit gestellt werden soll. Kinder sollen dabei Unterstützung erfahren, zwischen Gerechtigkeit und Ungerechtigkeit zu unterscheiden.

Das hier diskutierte Projektangebot kommt diesem Anspruch jedoch in wichtigen Aspekten nicht nach. Ohne den erklärten Willen der pädagogischen Fachkräfte ist ein Werk entstanden, das starke und leider auch sehr einprägsame Symbole und Bilder vor Augen führt, die in Zeiten des Kolonialismus als Begründung für extreme Ungleichbehandlung und als Rechtfertigung für Versklavung und Ausbeutung von Menschen gedient haben. Den Kolonisierten wurde Gerechtigkeit systematisch vorenthalten. Als Erklärung dienten rassistische Konstruktionen von einer vermeintlich fundamentalen Verschiedenheit unter Menschen. Diese kolonialen Symbol- und Bildwelten können auch heute noch diskriminierende Wirksamkeit entfalten und zwar völlig unabhängig davon, ob diese Wirkungen bewusst erzielt werden sollen oder ob sie unbewusst erzeugt werden. Die Skulptur mit dem Titel Mamma Afrika weist koloniale Züge auf. Im Projekt wird das gesellschaftliche Ordnungssystem des Kolonialismus noch einmal erarbeitet und somit erneut bestätigt. Kinder nehmen an einer nicht erkannten Herstellung ungerechter Symbol- und Bildwelten teil und werden auf diese Weise auch nicht dabei unterstützt, Ungerechtigkeit zu

erkennen, um die nach dem Orientierungsplan erwünschte Unterscheidung vornehmen zu können.
Drei wichtige Merkmale aus der kolonialen Symbol- und Bilderwelt (vgl. Hund 2007, S. 99ff) lassen sich im „Afrika-Projekt„ aufzeigen:

1. Desozialisation der Körper: Hier entfallen individuelle Besonderheiten von Menschen zugunsten eines „Typs". Im kolonialen Diskurs galten kolonisierte Menschen als wild und ungebärdig. Einerseits wurden sie so dargestellt, als lebten sie „wie Naturkinder im Paradies" und könnten sich hemmungslos ihrer Lust hingeben. Aber andererseits wurde diesem vermeintlich lustvollen Lebensstil auch angelastet, er mache körperlich und geistig träge. Von daher mussten, so die koloniale Logik, Kolonisierte zur Arbeit gezwungen werden. Sie an Arbeit zu gewöhnen, sei dann schon Lohn genug. Diese Denkweise hielt die Tür für Versklavung weit offen. *Mamma Afrika* entspricht diesem kolonialen Bild. Sie gibt sich dem Tanz hin. Der Tanz scheint ganz ihrer Natur zu entsprechen. Zur Arbeit ist sie kaum befähigt, denn sie wurde ohne Hände dargestellt. Auch geistige Arbeit traut man ihr weniger zu, denn der Kopf, symbolisch der Ort des Denkens, ist stark verkleinert dargestellt.

2. Kategorisierung der Farben: In kolonialer Logik wurde, im Blick auf die Tönung menschlicher Haut, „aus dem Kontinuum langsam ineinander übergehender Unterschiede eine klare Hierarchie mit fundamentalen Differenzen" (Hund 2007, S. 106) gemacht. Das „Afrika-Projekt" fügt sich in seiner Bildästhetik hier ein: *Mamma Afrikas* Arme, Beine und ihr Kopf sind mit tiefschwarzer Farbe bemalt und anschließend mit Glanzlack überzogen worden. Die Farbgebung dramatisiert „Schwärze", die im kolonialen Denken als wichtiges Argument zur Rechtfertigung von Ausbeutung fungierte. Unterstellt wurde, das „Schwarze" sei dem Dunklen, Unheimlichen, Bösen nahe, wohingegen das „Weiße", dem Hellen und Guten zugeneigt sei.

3. Dekulturalisierung des Raumes: Koloniales Denken verschmolz die Besonderheiten der Regionen, der verschiedenen Gesellschaften zu einem kulturell einheitlich gedachten Kontinent zusammen. Diese Tendenz zur Dekulturalisierung setzt sich bis heute fort. „Afrika" wird zum „Land des Trommelns, des Tanzes, des Lebens in Hütten". Diese Fantasiebilder sind mehr als harmlose Folklore. Im Kolonialismus waren diese Symbole und Bilder zu einer einheitlichen Vorstellungswelt zusammengefügt und den Körpern von Kolonisierten zugeschrieben. Dass Kolonisierte „so" wären, läge in ihren Erbeigenschaften begründet, die von einer Generation zur anderen übertragen würden. Die aktuelle Forschung der Populationsgenetik hat „Rasse"-Theorien eindeutig widerlegt (vgl. Cavalli-Sforza/Cavalli-Sforza 1996). Das Konzept der „Rasse", wie es im Tierreich Anwendung findet, lässt sich eindeutig nicht auf den Menschen übertragen. Eigentlich müsste nun dem Rassismus der Boden entzogen sein. Darüber hinaus hat ja der Kolonialismus längst abgedankt. Ehemalige Kolonien erlebten Befreiungsbewegungen, Kolonialisten zogen nach teilweise sehr grausamen Kämpfen endlich ab. Aber wie wir gesehen haben bestehen koloniale rassistische Vorstellungen weiter. Sie können deshalb weiter funktionieren, weil sie in einen anderen Kontext verlagert werden. Der neue Rassismus ist ein „Rassismus ohne Rassen", der nicht mehr auf eine biologische Vererbung von „Rassemerkmalen" zurückgreift, sondern mittlerweile behauptet, kulturelle Merkmale würden Menschen ab der Geburt unauslöschlich anhaften. Diese neue Form des Rassismus wird als „Kultur-Rassismus" bezeichnet (vgl. Balibar 2014).

Die Figur der *Mamma*, die für „Afrika" stehen soll, bietet sich, auch wenn sie gut gemeint war, für eine kultur-rassistische Interpretation geradezu an. Nun liegt es also nicht mehr am Erbmaterial, sondern an einer als unveränderlich angesehenen „afrikanischen Kultur", dass man in „Afrika" ständig „trommelt, tanzt und vor Hütten sitzt". Der Wirklichkeit eines aus 54 Nationen gebildeten Kontinents mit insgesamt 1,1 Milliarden Einwohner_innen wird sie auch nicht annähernd gerecht.

Auch die Weltkartenaktion ist in dieser Ausführung nicht unproblematisch. In Verbindung mit dem „Afrika-Projekt" ist die Gefahr gegeben, dass das Kind durch das Projekt zum „Fremden" gemacht wird. Ihm werden „afrikanische Wurzeln" zugeschrieben. Unklar bleibt, was „Afrika" mit seinen Lebensbezügen konkret zu tun haben könnte. Das Kind sieht die Fahne Tansanias zum ersten Mal. Über die lediglich nachahmende Tätigkeit des Ausmalens einer Fahnenvorlage erschließt sich die Vielfalt des Landes nicht.

Konstruktive Entwicklungsmöglichkeiten für die Praxis

1. Koloniale Logik erkennen

Für eine kultursensible Bildungsarbeit sollten pädagogische Fachkräfte ihr Wissen über geschichtliche Tatbestände insofern erweitern, dass diskriminierende, kolonialistische, rassistische bzw. kultur-rassistische Symbole und Bilderwelten erkannt werden können. Wichtige Kennzeichen sind typisierende Bilder von Menschen, die dargestellt werden als „Naturkinder", als „wild", „unheimlich", „arbeitsunlustig", „ständig trommelnd und tanzend", „vor Hütten in den Tag hineinlebend", „bedürftig", „abhängig", „ohne eigene Geschichte", „eigene Wünsche", „eigene Pläne", „eigene Erfolge" und „ohne Wissen, wie Probleme gelöst und soziale Ungerechtigkeiten überwunden werden könnten".

2. Tendenzen der „Befremdung" erkennen

Hier ist die Einsicht bedeutsam, dass Kinder und ihre Familien durch ungenügend durchdachte Projekte, die eigentlich integrierend wirken sollen, erst zu „Fremden" gemacht werden können. Eine Konstruktion von „Herkünften" und „Wurzeln" über die Köpfe der Kinder und deren Familien hinweg, ist unbedingt zu vermeiden. Ebenso sollte kein „Sonderstatus" verliehen werden, nach dem Motto: „Wir sprechen heute über Afrika, das dürfte für dich, Susann, besonders interessant sein, weil ja deine Vorfahren von dort kommen."

3. Einen kindgerechten Bezug zu Regionen der Einen Welt stiften

Kinder bringen ein großes Interesse mit, sich Weltwissen (vgl. Fried/Büttner 2004) anzueignen. Längst sind sie mit vielfältigen Aspekten der Einen Welt in Kontakt, sei es durch die Orange aus Israel, das T-Shirt aus Bangladesch, den Kakao aus Ghana. Regionen der Einen Welt sollten den Kindern möglichst in ihrer Vielfalt nahegebracht werden. Eine Region sollte gezeigt werden in der Vielfalt der Landschaften und in der Vielfalt der Tierwelt. Immer sollte auch ein Bezug aufgezeigt werden, in welchem Verhältnis alle Kinder der Bildungseinrichtung zu dieser Region stehen. Kommen von dort die süßen Mangostückchen, die zum Nachmittagsimbiss angeboten wurden? Wurde dort das Handy der pädagogischen Fachkraft entwickelt? Lebt dort die Schriftstellerin, die dieses Bilderbuch verfasst hat? Die Region sollte auch in der Vielfalt der dort lebenden Menschen dargestellt werden. Statt in Typologisierungen zu verfallen, könnte man Personen mit Kontakten zur Region für eine Gesprächsrunde einladen und mit den Kindern zuvor Fragen vorbereiten. Informationsmaterial zur Region ist daraufhin zu überprüfen, ob es die Vielfalt kindgerecht wiedergibt. Nicht immer liegen passende Bilderbücher in deutscher Sprache vor. Man kann sich behelfen, indem man dann eine Übersetzung erstellt oder erstellen lässt und diese dem Buch beigelegt wird. Auch kann man selbst Material erstellen, das dem Vielfaltsanspruch gerecht wird. PC, Scanner und Drucker machen es möglich. Ferner besteht auch die Möglichkeit, mit einer Kindertageseinrichtung der besprochenen Region in Kontakt zu treten, über das Internet Grüße, Fotos, Bilder, kleine Filmsequenzen aus dem Alltag auszutauschen oder eventuell sogar miteinander per Videokonferenzschaltung direkt in Austausch zu treten.

4. Gerechtigkeit und Ungerechtigkeit in der Einen Welt zum Thema machen

Geschichtliche und soziale Aspekte können auch kleinen Kindern in Ansätzen schon nahegebracht werden. Hierbei muss berücksichtigt werden, dass Kinder dabei selbstverständlich nicht verstört werden dürfen durch ein schlichtes Vorführen krasser Ungerechtigkeit. Aus diesem Grund sollte man von Geschichten ausgehen, die den Widerstand gegen Ungerechtigkeiten in der Einen Welt in Vergangenheit und Gegenwart aufzeigen. Als Beispiele sei hier hingewiesen auf die Bürgerrechtsaktivistin Rosa Parks. Sie hielt sich nicht an die rassistische Sitzordnung in US-amerikanischen Bussen in den 1960er Jahren. Ihre couragierte Handlungsweise löste einen Busboykott aus, mit dem die Busgesellschaften gezwungen wurden, die ungerechte Sitzordnung aufzugeben. Auch heute noch sehen viele *People of Color*, so eine stolze Selbstbezeichnung, in ihr ein Vorbild. Bilderbücher über diese mutige Frau liegen in englischer Sprache vor (beispielsweise Ringold 1999). Auch Bilderbücher, die unter kinderrechtlicher Perspektive auf aktuelle globale Ungerechtigkeiten aufmerksam machen, können zum Einsatz kommen. Hier kann man auf Beispiele in deutscher Sprache und in englischer Sprache zurückgreifen. Diese Bilderbücher können zum Ausgangspunkt für eine Weiterführung der Thematik werden. Auch hier sollten positive Beispiele im Vordergrund stehen, die aufzeigen, wie ungerechte Verhältnisse erfolgreich verändert werden können.

5. Demokratie lernen

Gemeinsam mit Kindern und ihren Familien in Kindertageseinrichtungen kulturelle Vielfalt in der Einen Welt differenziert zu betrachten und ernsthaft über Fragen nach Gerechtigkeit und Ungerechtigkeit nachzudenken, kann nur funktionieren, wenn auch in der Bildungsinstitution selber ein gerechtes Miteinander praktiziert wird. Der Orientierungsplan empfiehlt hier beispielsweise die Durchführung von Kinderkonferenzen (Kultusministerium 2015, S. 153). Auf diese Weise wird für Kinder ganz realistisch erfahrbar, dass es sich lohnt, sich fair und auf demokratische Weise für Verbesserungen einzusetzen. Kindern wird deutlich: Ihre Meinung zählt in der Kita. Auch die Einrichtung eines Beschwerdemanagements, das die Anregungen, Ideen, Sorgen und die Kritik von Kindern und Familienangehörigen ernst nimmt, fördert gerechte Verhältnisse in der Kita. Dazu ist notwendig, dass die pädagogischen Fachkräfte sich selbst als Bürgerinnen und Bürger verstehen, die sich auf den Lernprozess einlassen, auf der einen Seite global zu denken, sich in der Einen Welt zu vernetzen, zu beheimaten und sich auf der anderen Seite lokal, vor Ort, im Gemeinwesen, in der Bildungseinrichtung für Demokratie und Menschenrechte zu engagieren.

Dann können sie auch Kinder dabei unterstützen, sich für gerechtere Verhältnisse vor Ort einzusetzen. Wichtig ist hier: „Gewinnen Sie Kinder für Aktionen der Fairness in Bezug auf Themen, die für sie bedeutsam sind und ihrem Alter und Entwicklungsstand entsprechen. Diese Aktivitäten sind für die Kinder da, um deren Welt ein wenig gerechter zu gestalten, nicht um die Welt aus einer Erwachsenenperspektive heraus zu verändern" (Derman-Sparks/Ramsey 2011, S. 141, Übersetzung von N. Kölsch-Bunzen). Empfehlenswert ist, Kinder dafür zu sensibilisieren, unfaire Situationen vor Ort überhaupt erst einmal wahrzunehmen und mit den Kindern gemeinsam über Lösungsvorschläge nachzudenken und zu diskutieren. In der englischsprachigen Literatur finden sich inspirierende praktische Beispiele: „In einer Kita tauchten rassistische Schmierereien auf einer Mauer auf ganz in der Nähe des Kinderspielplatzes. Die Kinder und die pädagogische Fachkraft diskutierten, was zu tun sei, und übermalten die verletzenden Schimpfworte. (...) In einem Schulkindergarten klemmten die Kinder „Strafzettel" hinter die Scheibenwischer der Autos, die unrechtmäßig auf den Behindertenparkplätzen der Einrichtung standen" (Derman-Sparks/Ramsey 2011, S. 141f, Übersetzung von N. Kölsch-Bunzen).

Zwischenfazit

Kulturelle Vielfalt differenziert betrachten und unter Gerechtigkeitsaspekten bedenken, um daraus spannende Bildungsprojekte zu entwickeln, ist voraussetzungsreich. Es geht darum, eine verletzende koloniale Logik zu vermeiden, Rassismus und Kulturrassismus entgegenzutreten. Gemeinsam mit den Kindern erarbeiten pädagogische Fachkräfte realistische Perspektiven auf Regionen der Einen Welt. Diese realitätsangemessenen Bilder und Vorstellungen sollen sowohl dem Kind in seinem Wunsch nach Weltwissen gerecht werden als auch einer Region in all ihrer Vielfalt. Schon früh können Kinder dabei unterstützt werden, eine Feinfühligkeit für Fragen nach Ungerechtigkeit und Gerechtigkeit zu entwickeln.
Diese Bildungsprozesse dürfen die Kinder nicht überfordern. Durch erfolgreiche Vorbilder in der Geschichte sowie durch gelungene Aktionen, die die Kinder mit Hilfe der pädagogischen Fachkräfte selbst durchführen, erfahren sie ganz konkret, wie die Welt ein wenig gerechter werden kann.
Natürlich soll ein anspruchsvolles kultursensibles Bildungsangebot weiterhin allen Beteiligten Spaß machen. Es darf in der Kindertageseinrichtung nach Herzenslust getrommelt werden, vielleicht im Musikprojekt „Mit Klang und Bewegung experimentieren". Natürlich dürfen im Garten Fantasiebauten entstehen, vielleicht im Projekt „Baumhaus" oder im Projekt „Wohnwelten der Zukunft". Natürlich darf in inklusiven Settings gematscht, gemanscht und gekleistert werden, was das Zeug hält. Natürlich dürfen Kinder Wissen über die Eine Welt mit Freude und mit allen Sinnen in sich aufnehmen – jedoch: ohne einen unreflektierten, nachahmenden Rückgriff auf eine diskriminierende Symbolik.

Kulturelle Vielfalt in der Erziehungs- und Bildungspartnerschaft

2.5 Qualitätsmerkmal: Eltern erreichen, Eltern verstehen, mit Eltern konstruktiv verhandeln

Bezug zum Orientierungsplan

„Der Blickwinkel wird wesentlich erweitert, wenn Eltern von ihren Beobachtungen, Sichtweisen und den Deutungen aus ihrem Alltag berichten. So entwickelt sich im engen Bezug zur persönlichen Geschichte eines jeden Kindes eine Erweiterung der Handlungsmöglichkeiten auf beiden Seiten." (Kultusministerium 2015, S. 76)

Zur Diskussion: Täglich eine Limonade

Kind A. kommt aus einer Familie, die mit äußerst schwierigen finanziellen Bedingungen zurechtkommen muss. Die Familie lebt noch nicht lange in Deutschland. Jeden Tag bringt A. eine Flasche mit Limonade in die Kita. Die Praktikantin missbilligt dies aus ökonomischen, aber auch aus gesundheitlichen Gründen. Spontan denkt sie: *„Was verschwenden denn die ihr Geld für Limo – jetzt haben wir doch schon so oft auf Elternabenden gesagt, dass wir den Kindern hier in der Kita Leitungswasser oder zuckerfreien Tee anbieten."*

Reflexion des Praxisbeispiels

Oft kommt es vor, dass Eltern anders handeln, als man dies erwartet und sich wünscht. Manches ist unverständlich und aus der Sicht der Fachkräfte heraus falsch. So passiert es der Praktikantin im Fallbeispiel, dass sie abschätzig über die Eltern denkt und sie für uneinsichtig hält. Sie geht davon aus, dass die Eltern nicht an die Gesundheit ihres Kindes dächten. Ihre Anleiterin legt ihr nahe, sich solcher Deutungen zu enthalten und stattdessen im Sinne des Orientierungsplans (s.o.) mit den Eltern zu sprechen. Um sich darauf vorzubereiten, überlegt sie schon im Voraus mit der Praktikantin, welche Motive es aus Sicht der Eltern geben könnte, dem Kind die teure, zuckerhaltige Limonade anstelle von Wasser mitzugeben. So sammeln sie mögliche Deutungen, z.B.:

- Die Eltern wissen eventuell nicht, dass Limonade ungesund ist.
- Die Eltern lassen sich von der Werbung verführen, die suggeriert, dass Limonade gesund und für das Wohlergehen des Kindes gut sei.
- Die Eltern beugen sich dem Wunsch des Kindes und sie können sich nicht durchsetzen.

- Die Eltern wollen damit die Armut verbergen, niemand soll dem Kind die finanziellen Schwierigkeiten ansehen.
- Die Eltern wollen dem Kind etwas besonders Gutes tun und ihre Liebe so ausdrücken.

Die Praktikantin ist überrascht, wie viele verschiedene Deutungsmöglichkeiten sie in kurzer Zeit finden und dass manche davon aus Sicht der Eltern auch sehr gut zu verstehen wären. So könnte man ganz andere Ansatzpunkte für eine Lösung finden.
So vorbereitet ergibt sich ein konstruktives Gespräch mit den Eltern. Es stellt sich in diesem heraus, dass die Familie es nicht gewohnt ist, Leitungswasser zu trinken, da dieses in ihrem Herkunftsland, das sie erst vor kurzem verlassen haben, nicht trinkbar ist. Weltweit haben ca. drei Milliarden Menschen aufgrund von Armut keinen Zugang zu Leitungswasser mit Trinkwasserqualität. Jährlich sterben ca. zwei Millionen Menschen an Krankheiten, die durch Wasser übertragen werden – und dies betrifft überwiegend Kinder unter fünf Jahren (vgl. Weltgesundheitsorganisation WHO 2011). Das Beste, was all die betroffenen Eltern für ihre Kinder tun können, ist, ihnen sichere Getränke zu kaufen.
Der Praktikantin wird klar, wie stark ihre Bewertung von ihren eigenen Erfahrungen geprägt war (vgl. z.B. Roth 2010, S. 27f). Es ist der Blick von jemand, der in dem Luxus aufgewachsen ist, Leitungswasser mit Trinkqualität als „normal", als billig und sicher zu erfahren. Sie versteht, was es bedeutet, multiperspektivisch zu denken. So gilt es, Familien nicht nur einseitig durch eine Brille zu betrachten (z.B. „Migrationsstatus"), sondern gleichzeitig auch andere Brillen aufzusetzen (hier z.B. soziale Lagen oder Vorerfahrungen). Entscheidend ist aber zudem: Man sollte weniger Mutmaßungen über andere Menschen anstellen, sondern sie selbst zu Wort kommen lassen und ihnen zuhören. Denn oft ist es so, dass die Menschen ihr eigenes Verhalten begründen können und dass es für sie so durchaus Sinn macht. Die Praktikantin versteht nun, warum der Orientierungsplan Wert darauf legt, dass „Eltern von ihren Beobachtungen, Sichtweisen und den Deutungen aus ihrem Alltag berichten" (Kultusministerium 2015, S. 76). Der Orientierungsplan zeigt sich optimistisch, dass sich aus diesem Gespräch heraus „eine Erweiterung der Handlungsmöglichkeiten auf beiden Seiten" (Kultusministerium 2015, S. 76) ergibt. Auch dies erlebt die Praktikantin. So sehen die Eltern, dass es in der Kita möglich ist, Leitungswasser zu trinken. Es wird auch besprochen, dass alternativ zum Leitungswasser in der Kita Tee gekocht werden kann. Doch wie ist es dieser Kita überhaupt gelungen, mit den Eltern ins Gespräch zu kommen? Wird nicht zunehmend darüber geklagt, dass sich viele Eltern gar nicht erreichen lassen, dass sie nicht zu Elternabenden kommen und sich sogar für Tür- und Angelgespräche keine Zeit nehmen würden?

Elternabende können für einen Teil der Eltern abschreckend sein, wenn sie den dafür erforderlichen Zugang zur Sprache und zu dieser eher formalen Form des Gesprächs nicht haben (vgl. Kultusministerium 2015, S. 77). Für manche Eltern sind die dort besprochenen Themen sehr weit weg vom oft belastenden Alltag. Für viele Eltern ist eine Teilnahme auch aufgrund der Arbeitssituation und/oder wegen der Betreuung von Kindern und Angehörigen nicht möglich. Deshalb ist es oft nicht zutreffend, wenn man den Eltern, die nicht kommen, einfach Desinteresse unterstellt.

Im Vergleich zu Elternabenden sind Tür- und Angelgespräche recht niederschwellig. Doch werden auch sie manchmal nicht angenommen. Dies kann schlicht damit zusammenhängen, dass die Eltern es tatsächlich eilig haben, da die Arbeit wartet oder Geschwisterkinder zu versorgen sind. Einige Eltern empfinden es möglicherweise auch als unpassend, die pädagogischen Fachkräfte einfach so anzusprechen. Aus Respekt vor ihrer Arbeit und Fachlichkeit halten sie sich zurück und wollen nicht stören. Dies trifft vor allem auf Eltern zu, die wenig über die Bildungsinstitutionen, ihre Regeln und Erwartungen wissen.

Diese Eltern können durch eine direkte Ansprache und eine persönliche Einladung ermutigt werden, in die Kita zum Gespräch zu kommen. Sie müssen spüren, dass man die Einladung aufrichtig meint und Interesse an ihnen hat. Dies braucht Zeit (vgl. Altan/Foitzik/Goltz 2009, S. 33). Aber auch dann ist es möglich, dass die Eltern nicht kommen, vielleicht weil sie es als unhöflich ansehen, eine Einladung gleich beim ersten Mal anzunehmen oder weil sie der Kita vertrauen und keine Notwendigkeit sehen für ein Gespräch.

Erfolgversprechend, um auch die Eltern doch noch anzusprechen, die nicht von selbst auf die Kita zukommen, ist der Zugang über ihnen bekannte und vertraute Personen (vgl. Altan/Foitzik/Goltz 2009, S. 28) – am besten über solche, die dieselbe Sprache sprechen oder andere Gemeinsamkeiten haben. Hilfreich kann auch sein, dass diese die Eltern abholen und begleiten (vgl. Altan/Foitzik/Goltz 2009, S. 33) und sich dann erst im Laufe des Gesprächs zurückziehen. Darüber hinaus können zeitweise ergänzend auch zielgruppenspezifische Angebote als Brücke angebracht sein (vgl. Altan/Foitzik/Goltz 2009, S. 27; Sachverständigenrat deutscher Stiftungen für Integration und Migration 2014, S. 11–13).

Konstruktive Entwicklungsmöglichkeiten für die Praxis

1. Irritierende Verhaltensweisen von Eltern aus verschiedenen Perspektiven heraus bedenken

Sich überraschen lassen durch andere Sichtweisen und offen werden für andere Deutungsmöglichkeiten ist eine hohe Kunst, die unter dem Handlungsdruck im Alltag oft nicht gelingt. Hilfreich kann es sein, gelegentlich im Team Fallbeispiele aus verschiedenen Perspektiven heraus zu betrachten. Die methodische Gestaltung könnte so aussehen: Jedes Teammitglied übernimmt eine Perspektive auf den Fall. Unterstützt werden kann dies durch das Einnehmen des Sitzplatzes der Person, deren Verhalten man gerade versucht zu verstehen oder man tritt in die „Fußstapfen" der Person, indem man sich auf Fußspuren aus Papier stellt und so den Perspektivenwechsel ausführt.

2. Offene und wertschätzende Gesprächsführung

Anstatt die Eltern gleich mit dem „Problem" zu konfrontieren, bietet es sich an, sich einleitend langsam aufeinander einzustellen. Zentral ist es, das gemeinsame Interesse in den Mittelpunkt zu stellen – beide Seiten wollen das Beste für das Kind. Die pädagogischen Fachkräfte formulieren keine Vorwürfe an die Eltern, sondern versuchen, diese aus ihrer Sorge für das Kind heraus zu verstehen. Von dort aus kann man dann gemeinsam diese Perspektive erweitern, indem die Fachkräfte sich bemühen, verständlich zu machen, welche weiteren Aspekte im Interesse des Kindes wichtig sind (z.B. der Gesundheitsaspekt, der gegen Limonade spricht). So verringert man die Gefahr, gegeneinander zu argumentieren. Auf diese Weise wird es leicht möglich, gemeinsam nach Lösungswegen suchen.

3. Eltern erreichen durch gemeinsames Tun

Es zeigt sich, dass manche Eltern dann kommen, wenn sie merken, dass sie auf ganz praktischer Ebene etwas tun können und dass ihr Beitrag wichtig ist, während sie sich von rein gesprächsorientierten Formen abschrecken lassen. Mut macht eine Projektidee, die von Studierenden der Hochschule Esslingen erprobt wurde: Eltern übersetzten ein Bilderbuch in die verschiedenen Familiensprachen. Die Fachkräfte der Kita waren überrascht, wie viele Mütter, die bislang als „nicht erreichbar" galten, dafür in die Kita kamen (vgl. Kapitel 2.10). So kann man auch mit Eltern zusammen z.B. einfache Fühlbücher oder Fotobücher für das eigene Kind gestalten, die gleichzeitig für die sprachliche Bildung unterstützend sind.

4. Transparenz herstellen über die Kita

Vor allem für Eltern, die als Kind nicht selbst in einer Kita waren oder das deutsche Bildungssystem noch nicht so genau kennen, kann es unverständlich sein, wie in einer Kindertageseinrichtung gearbeitet wird und warum bestimmte Bildungsangebote gemacht werden. Dies lässt sich alleine durch das Erklären nicht immer gut vermitteln. Einladung zu Hospitationen und die Gestaltung eines Empfangsbereichs mit Tee und Kaffee, der es Eltern ermöglicht, beim Bringen und Abholen des Kindes noch ein wenig zu verweilen, können die Arbeit in der Kita sichtbar machen. Man kann mit Eltern auch einen Nachmittag durchführen, bei dem man von ihnen mehr über die eigene Kindheit und sie mehr über die Arbeit der Kita erfahren. Eltern können einen Gegenstand mitbringen, der sie an ihre Kindheit erinnert, oder ein Lied oder Spiel von damals zeigen. Die Fachkräfte berichten ihrerseits von Beispielen, wie in der Kita gearbeitet wird. So sieht man: Manches ist ähnlich (z.B. Lieder und Spiele), anderes ist neu. Das kann aber so von allen Seiten besser verstanden werden.

5. Schriftliche Informationen in verständlicher Sprache bringen und die persönliche Ansprache bevorzugen

Die direkte persönliche Ansprache ist der beste Weg zu den Eltern (weiterführend: Altan/Foitzik/Goltz 2009, S. 14–37). Man kommt aber nicht immer darum herum, auch schriftliche Informationen geben zu müssen. Diese sollten so einfach und übersichtlich wie möglich gestaltet werden. Bei der Formulierung kann man sich an Empfehlungen zur „Leichten Sprache" (vgl. Netzwerk Leichte Sprache 2015) orientieren. Damit erleichtert man allen den Zugang zur Schriftsprache. Im Einzelfall muss abgewogen werden, ob Informationen in Familiensprachen übersetzt werden sollten. Man muss hierbei den hohen Aufwand gut bedenken. Wenn man sich hierzu entschließt, dann sollte die Übersetzung in allen Familiensprachen erstellt werden, die in der Kita vorhanden sind. Möglicherweise

kann eine Übersetzung von Eltern aber auch als diskriminierend empfunden werden, da man ihnen damit einen Sonderstatus zuschreibt. Empfehlenswert ist es wiederum, auf Informationsbroschüren, die bereits von unterschiedlichen Institutionen in verschiedenen Sprachen erstellt wurden, hinzuweisen und diese Schriften auszulegen. Viele Kommunen geben entsprechende Informationsbriefe zu Erziehung und Bildung oder zu Unterstützungsmöglichkeiten für Familien heraus. Auch Einrichtungen, wie beispielsweise das Staatsinstitut für Frühpädagogik (2015), oder Verbände und Organisationen geben Materialien in mehreren Sprachen heraus.

Zwischenfazit

Alle Eltern zu erreichen, ist nicht immer einfach. Pädagogische Fachkräfte brauchen einen langen Atem, Geduld und Verständnis. Sich auf eine vielfältige Elternschaft mit ganz unterschiedlichen Erfahrungen und in sehr unterschiedlichen Lebenslagen einzustellen, erfordert eine hohe professionelle Kompetenz. Doch bei aller Unterschiedlichkeit verbindet Eltern und Fachkräfte in der Kita eines: Das Beste für das Kind zu wollen. Auf dieser Grundlage lassen sich Brücken bauen, sodass die Kita ein Ort wird (oder bleibt), an dem sich alle Eltern wohlfühlen können und ihr Kind in besten Händen wissen.

2.6 Qualitätsmerkmal: Innerkulturelle Vielfalt anerkennen und Individualität achten

Bezug zum Orientierungsplan

„Bei Elterngesprächen ist es dabei wichtig, Stereotypisierungen von anderen Ethnien und Kulturen zu vermeiden. Die Kenntnis der jeweils einzigartigen Lebensgeschichte von Kind und Familie schafft Verständnis und ist die Voraussetzung für eine gelingende Kommunikation.“ (Kultusministerium 2015, S. 76)

Zur Diskussion: Tee zum Elterngespräch

Die pädagogische Fachkraft Frau Y. bereitet sich auf ein Gespräch mit Familie Ö. vor. Sie vermutet aufgrund des Familiennamens einen „türkischen Migrationshintergrund“. Um für das Elterngespräch mit Familie Ö. eine angenehme und konstruktive Gesprächsatmosphäre zu gestalten, sorgen die Fachkräfte in der Kita für eine einladende Gestaltung des Tisches und für erwachsenengerechte Stühle. Sie stellen auch Getränke bereit, in der Regel Wasser, Kaffee und Tee.

Fachkraft Frau Y. hat ihren letzten Urlaub in der Türkei verbracht und von dort Tee und ein türkisches Teeglas-Set mitgebracht. Für das erste Elterngespräch bringt sie dies von zu Hause mit. Sie kocht den türkischen Tee und stellt alles auf dem Tisch bereit. Sie erwartet, Familie Ö. damit eine Freude zu machen und dadurch einen besonders guten Zugang zu bekommen. Außerdem überlegt sie, dass sie die Eltern auf Türkisch begrüßen wird.

Ganz anders als von Frau Y. erwartet, reagieren die Eltern jedoch irritiert und eher abweisend – so nimmt es die Fachkraft wahr. Zunächst verläuft das Elterngespräch sehr distanziert. Die Fachkraft ist leicht verärgert und enttäuscht über das Verhalten der Eltern, wo sie sich doch so viel Mühe gegeben hat.

Reflexion des Denkanstoßes

Die Fachkraft bereitet sich sorgfältig auf das Gespräch vor. Sie weiß um die Bedeutung einer guten Erziehungs- und Bildungspartnerschaft und bemüht sich darum, allen Eltern niedrigschwellige Zugänge zur Institution Kita zu verschaffen. Die Eltern sollen sich willkommen fühlen und gerne in die Kita kommen – insbesondere die Eltern, die aufgrund ihrer eigenen Bildungsbiografie den Kindergarten nicht kennen oder aufgrund einer Migrationsgeschichte möglicherweise ganz andere Vorstellungen über Bildungsinstitutionen mitbringen. Sie weiß, dass sie kultursensibel vorgehen und „Berührungsängste" (Kultusministerium 2015, S. 77) abbauen soll. Sie meint, dass ihr das im Hinblick auf Familie Ö. gut gelingen werde, denn sie ist sich sicher, dass beide einen „Migrationshintergrund" aus der Türkei haben. Sie ist noch voll positiver Eindrücke aus ihrem eigenen Urlaub und lässt sich von diesen bei der Vorbereitung auf das Gespräch leiten.

Wie ist es zu erklären, dass Herr und Frau Ö. anders als erwartet reagieren? Frau Y. überlegt aus ihrer Verstimmung heraus: Registrierten sie den besonderen Empfang gar nicht, dass sie sich besondere Mühe gemacht hat, sondern erwarten dies als selbstverständlich? Kann man es denn nie recht machen? Oder drückt die Distanz, die entsteht, aus, dass sie den Termin nur als einen Pflichttermin wahrnehmen und eigentlich wenig Interesse an der Zusammenarbeit mit der Kita haben? Sie erinnert sich an das, was sich so herumspricht: Man hört doch immer wieder, dass türkischstämmige Eltern die Vorstellung hätten, dass die Kita einfach ihre Arbeit machen solle, ohne viel Rücksprache mit den Eltern zu halten. Oder sind das die immer wieder beschworenen sogenannten „kulturellen Unterschiede", die hier wirksam werden, dass man ihr als Fachkraft in ihrer Rolle distanziert gegenübertritt, obwohl sie die Menschen in der Türkei als sehr offen und herzlich erlebt hat? Kurz gehen Frau Y. derartige Gedanken und mögliche Deutungen durch den Kopf, denn sie ist enttäuscht und fühlt sich mit ihren Bemühungen unverstanden und nicht anerkannt.

Es gelingt ihr, ihre eigene Irritation zu überwinden und professionell zu reagieren. Sie spricht dies an und fragt die Eltern nach ihrer Einschätzung der Situation. Und nun stellen sich zwei Gründe heraus, warum der Empfang mit türkischem Tee und türkischsprachiger Begrüßung im wahrsten Sinne des Wortes „befremdlich" waren:

1. Beide Eltern mögen gar keinen Tee. Frau Ö. hatte sich schon auf eine Tasse Kaffee gefreut, da sie von anderen Eltern bereits gehört hatte, dass der zum Beginn des Gesprächs gereicht wird. Herr Ö. wiederum hätte lieber einfach ein Glas Wasser getrunken. Aus Höflichkeit nehmen sie aber jeweils ein Gläschen Tee an und versuchen, ihre Enttäuschung zu verbergen. Schließlich gehe es in dem Gespräch ja um ihre Tochter, da sei das Getränk nur Nebensache, denken sie sich. Aber dass sie nun wieder auf die Herkunft ihrer eigenen Eltern aufmerksam gemacht werden, macht ihnen ein bisschen Sorgen wegen ihrer Tochter.
2. Die Eltern von Herrn Ö. kamen in den 1980er Jahren als politisch verfolgte Kurden nach Deutschland. Er selbst ist in Deutschland geboren und mit den Sprachen Deutsch und Kurdisch aufgewachsen. Auch wenn seine Eltern nie über ihre Erfahrungen gespro-

chen hatten und ihn mit ihrer Geschichte verschonen wollten, so spürte er in seiner Kindheit doch die Vorbehalte seiner Eltern gegenüber der türkischen Sprache. Es war für lange Zeit unverständlich, dass er häufig als „der Türke" gesehen und angesprochen wurde, zu Hause aber alles „Türkische" eher tabu war. So kann er seine Enttäuschung darüber, selbst hier in der Kita wieder als „der Türke" angesprochen zu werden, nicht ganz überspielen. Wird er diesen Sonderstatus denn nie los? Frau Ö. ist ebenfalls Kurdin. Sie empfindet ihr Verhältnis zur Türkei jedoch als weniger stark belastet als ihr Mann.

So wird verständlich, warum das Vorgehen der Fachkraft im Vorfeld des Gesprächs zwar sicherlich gut gemeint war, aber anders ankam, als von ihr beabsichtigt. Doch selbst für den Fall, dass das Elternpaar Ö. gerne Tee getrunken und gerne Türkisch gesprochen hätte, müsste man fragen: Was ist – vermutlich unbewusst – bei der Fachkraft abgelaufen? Was ist daran problematisch, obwohl es die Fachkraft doch gut gemeint hatte?

Die Fachkraft wollte die Eltern persönlich ansprechen. Allerdings ging sie nicht von den tatsächlichen individuellen Vorlieben aus, sondern leitete diese aus ihrem bruchstückhaften Wissen über den familiären Hintergrund der Familie ab. Sie konstruierte eine „kulturelle Zugehörigkeit" der Eltern – ohne danach zu fragen, wie sie sich selbst sehen, welche Lebensgeschichte und welche Vorlieben sie haben. Herr und Frau Ö. werden von der Fachkraft im Fallbeispiel als Repräsentanten einer (fiktiven) kulturellen Gruppe – der Gruppe „der Türken" – gesehen. Sie schreibt diesen bestimmte gemeinsame Verhaltensweisen, Einstellungen und Vorlieben zu. Damit stereotypisiert sie und konstruiert eine Gruppenzugehörigkeit und Gruppengemeinsamkeit, die es so gar nicht gibt. Nicht alle Menschen, deren Eltern in der Türkei aufgewachsen sind, sprechen Türkisch, nicht alle trinken gerne Tee. Studien zeigen, wie vielfältig und unterschiedlich Menschen mit Migrationshintergrund sind (vgl. Geiling et al. 2011; Merkle 2009). Deshalb sollte man nicht von einer „Gruppe" her denken. So warnt der Kinder-Migrationsreport davor, beispielsweise eindimensional von einer Schablone vom „Kind mit Migrationshintergrund" auszugehen. Die Gefahr dabei ist, dass damit ein großer Teil der Kinder, die in Deutschland leben, zu „anderen" gemacht werden. Deutlich wird in diesem Bericht auf die „Gefahr der Kulturalisierung" (Bruhns 2013, S. 296) hingewiesen. Kulturalisierung meint hier, dass „Menschen mit Migrationshintergrund" in ein festgelegtes Kultur-Schema gedrängt werden.
Es gilt, allen Kindern und Eltern offen zu begegnen. Anstatt sich Vorstellungen zu machen, ist es besser, Kinder und Eltern kennenzulernen. So kann man Stereotypisierungen vermeiden, zu denen man neigt, wenn man „kulturelle Besonderheiten" hervorhebt. So

sieht dies auch der Orientierungsplan vor, wenn er, wie oben zitiert, darauf abhebt, die „jeweils einzigartige() Lebensgeschichte von Kind und Familie“ (Kultusministerium 2015, S. 76) zu berücksichtigen.
Man sollte bedenken, dass die Zuschreibung zu einer Gruppenzugehörigkeit mit einer ungünstigen Bewertung verbunden sein kann. Als Migrant oder Migrantin gesehen zu werden, kann den in der Wissenschaft als „stereotype threat“ (Martiny/Götz 2011, S. 153) bezeichneten Effekt auslösen, also eine Bedrohung durch das Vorurteil. Dieser Effekt kann auch ausgelöst werden, wenn die Fachkraft eigentlich gar kein Vorurteil hat, wie hier im Fallbeispiel – dennoch wird in der geschilderten Situation ein generelles Vorurteil über „Eltern mit Migrationshintergrund“ aktiviert.

So fühlen sich die Eltern in diesem Gespräch möglicherweise von Beginn an in einem Rechtfertigungszwang, weil das Stereotyp *„Eltern mit Migrationshintergrund“ kümmern sich nicht um die Zusammenarbeit mit der Kita* in ihnen aktiviert wurde, obwohl die Fachkraft überhaupt nicht so gedacht hatte. Wenn man sich dies bewusst macht, verwundert es nicht mehr, dass die Gesprächsatmosphäre gleich zu Beginn abkühlte und ein Gespräch auf Augenhöhe schwierig wurde. Auch Kinder können von diesem Effekt betroffen sein.

Das Fallbeispiel zeigt, dass man von einer Herkunftsgeschichte nicht auf eine bestimmte „Kultur“ schließen kann und dass nicht alle Menschen, die selbst oder deren Eltern aus einer bestimmten Herkunftsregion stammen, die gleiche Sprache oder ähnliche Lebensweisen, Einstellungen und Vorlieben haben.

Konstruktive Entwicklungsmöglichkeiten für die Praxis

Jede Situation sollte in ihrer Besonderheit und Eigenständigkeit beurteilt werden. Ein und dieselbe Handlung kann, je nach Vorgeschichte und Vorwissen, eine ganz andere Bedeutung haben und dementsprechend ganz anders verstanden werden. Wenn eine Fachkraft weiß, dass Eltern kein Deutsch sprechen, ist es sinnvoll, wenn ein Dolmetscher/eine Dolmetscherin beim Gespräch dabei ist. Diese Vorsorge ist nicht „kulturalisierend“. Auch wenn Eltern von sich aus zu erkennen geben, dass sie sich über Gelegenheiten freuen, ein paar Worte auf Türkisch zu wechseln, dann wäre das eingangs genannte Fallbeispiel ganz anders zu werten und die Begrüßung auf Türkisch sehr passend. So zeigt sich ein Spannungsverhältnis: Einerseits soll man allen gleich gerecht werden und andererseits jeden als besonders wahrnehmen. Beides muss gleichermaßen beachtet werden.

1. Kulturalisierung vermeiden

Anstatt von „kultureller Zugehörigkeit" oder „kulturellen Unterschieden" zu sprechen und zu denken, sollten Fachkräfte von „Familienkulturen" ausgehen, wie dies im Rahmen der Anti-Bias-Pädagogik vorgeschlagen wird (vgl. z.B. Derman-Sparks 2013, S. 289f). Die pädagogischen Fachkräfte fassen Familien dann nicht länger als Teil einer fiktiven kulturellen oder nationalen Gruppe auf und unterstellen dieser pauschal bestimmte Verhaltensweisen. Sondern sie besprechen mit Eltern ganz konkret, wie der Alltag dieser einzelnen Familie aussieht, z.B. welche Gewohnheiten und Einstellungen die Familie beispielsweise zu den Themen Essen, Schlafen, Freizeitgestaltung, Erziehungsziele usw. hat. Mit dieser offenen Haltung begegnen sie genauso auch den Kindern und lassen diese von ihrem Alltag zu Hause erzählen.

2. Auf Selbsterfahrung zurückgreifen

Um sensibel für die Wirkung von Stereotypen zu werden, kann es hilfreich sein, sich auszumalen, wie man selbst im Ausland nicht angesprochen und behandelt werden möchte. Oder man kann sich daran erinnern, welche Stereotype man in den Medien über sich selbst finden konnte. Wie würde man empfinden, wenn beispielsweise in einem Kinderbuch Menschen aus Deutschland allesamt mit Lederhose und Hut abgebildet wären? Wie wirkt es, wenn man im Ausland Sauerkraut und Saumagen vorgesetzt bekäme, weil davon ausgegangen wird, dies seien Gerichte, die in Deutschland alle mögen?

3. Vorstellungen überprüfen

Wenn man bemerkt, dass man Kinder und Eltern eventuell durch eine kulturalisierende Brille betrachtet, kann man prüfen, ob man ähnlich denken würde, wenn es sich um ein „Kind ohne Migrationshintergrund" handeln würde. Wenn diese Überprüfung deutlich macht, dass man bei Kindern mit und bei „Kindern ohne Migrationshintergrund" ganz grundsätzlich andere Maßstäbe anlegt, dann wäre dies ein Beleg dafür, dass der kulturalisierende Blick vorherrscht. Man wird feststellen: Diese Brille verhindert eher eine klare, unvoreingenommene Sichtweise und ergibt keinen Gewinn.

4. Individuelle und gemeinschaftliche Gewohnheiten reflektieren

Andererseits: Sobald pädagogische Fachkräfte durch Reaktionen von Kindern oder Eltern irritiert sind, ist es sinnvoll, sich zu überlegen, ob diese Reaktionen vielleicht auch mit kulturellen Einflüssen zu tun haben könnten. Beispielsweise sind die Regeln, wie man sich begrüßt, weltweit sehr unterschiedlich. Wie viel Körperkontakt wird erwartet (vom Händedruck bis hin zum Küsschen)? Oder wird Distanz erwartet? Hier könnte man überlegen, ob sich die Irritation vielleicht mit einer fehlenden Übereinstimmung in Gewohnheiten erklären lassen. Dazu muss man jedoch die Fähigkeit trainieren, das, was man für selbstverständlich hält, auch einmal als gar nicht so selbstverständlich ansehen zu können (vgl. Kapitel 2.1).

Zwischenfazit

Auch wenn in den Medien und in der Öffentlichkeit das Verhalten und die Einstellungen von Menschen gerne entlang ihres sogenannten „kulturellen Hintergrunds" typisierend dargestellt werden, so muss man sich in der pädagogischen Arbeit davon freimachen. In den Wissenschaften hat sich ein dynamischer Kulturbegriff etabliert: Kulturen selbst sind wandelbar und verändern sich stetig, sie vermischen sich und sie überlappen sich (vgl. Kapitel 1.2). Die Unterschiede in den Einstellungen und Lebensweisen von Menschen, die von außen derselben „Kultur" zugeordnet werden, sind sehr groß – hier spricht man auch von „innerkultureller Vielfalt".

Auch werden Menschen nicht einfach wie mit einem Stempel durch Kultur geprägt. Vielmehr setzen sie sich aktiv mit kulturellen Einflüssen auseinander und bilden daraus ihre je eigene Identität. Dies entspricht auch dem aktiven Bild vom Kind, das dem Orientierungsplan zugrunde liegt. Deshalb ist es zu empfehlen, Kultur angemessener als „Landkarten der Bedeutungen" (vgl. Kapitel 1.2) zu verstehen. Landkarten zeigen mögliche Wege und Orte, aber sie geben nicht vor, wer auf welchem Weg wohin gehen möchte. Deshalb wird in diesem Qualitätsmerkmal betont: Bei einer kultursensiblen Bildungsarbeit in der Kita geht es auch darum, individuelle Vorlieben zu berücksichtigen. Das bedeutet konkret, auf Eltern und Kinder zuzugehen, zu beobachten und miteinander ins Gespräch zu kommen. Es bedeutet, offen zu sein für Vielfalt, für subjektive Deutungen und für die Wahrnehmung individueller Lebenspraxen. So bleibt man auch offen für Unerwartetes, nach dem Motto: *„Immer offen dafür sein, dass der oder die Andere anders sein könnte, als man dachte!"* (Auernheimer 2008, S. 60).

2.7 Qualitätsmerkmal: Kinder aus Familien im Asylverfahren professionell begleiten

Bezug zum Orientierungsplan

„Das Kind will die Welt und sich selbst entdecken und verstehen. Es will sich ausdrücken und verständigen. Es will mit anderen leben, spielen und lernen. Es will sich ausprobieren und zeigen, was es kann. Dazu braucht es Anerkennung und Wohlbefinden, eine Umgebung und Menschen, die ihm Geborgenheit und Liebe geben und das Kind selbstwirksam werden lassen." (Kultusministerium 2015, S. 104)

Zur Diskussion: Erste Kontaktaufnahme

Eine Familie mit einer vierjährigen Tochter hat Asyl in Deutschland beantragt. Ein Asylverfahren wurde eröffnet. Die Familie wird auf die Möglichkeit hingewiesen, dass ihrem Kind ein Platz in einer Kindertageseinrichtung angeboten werden könnte. Die Leiterin der nächstgelegenen Kindertageseinrichtung wird gebeten, einen ersten Kontakt zur Familie anzubahnen. Bisher hat die Einrichtung noch keinerlei Erfahrung mit der Aufnahme von Kindern aus Familien im Asylverfahren. Die Leiterin führt zu diesem Themenbereich zunächst eine Besprechung mit dem Gesamtteam durch. Es wird darüber diskutiert, wie sich die Einrichtung am besten auf eine Aufnahme vorbereiten könnte.

Reflexion des Praxisbeispiels

Bei diesem Praxisbeispiel ist zunächst einmal die Rechtslage wichtig. Die Familie im Praxisbeispiel befindet sich im Asylverfahren. Geprüft wird, ob ein rechtlich nachvollziehbarer Grund zur Flucht vorliegt. Dieser besteht laut Genfer Flüchtlingskonvention bei einer Person, die „aus der begründeten Furcht vor Verfolgung wegen ihrer Rasse, Religion, Nationalität, Zugehörigkeit zu einer bestimmten sozialen Gruppe oder wegen ihrer politischen Überzeugung sich außerhalb des Landes befindet, dessen Staatsangehörigkeit sie besitzt, und den Schutz dieses Landes nicht in Anspruch nehmen kann oder wegen dieser Befürchtungen nicht in Anspruch nehmen will" (UNHCR 2015, S. 3). Erst nach dem erfolgreichen Abschluss eines Asylverfahrens erhält jedes Familienmitglied einzeln die offizielle Anerkennung als Flüchtling mit der entsprechenden Aufenthaltserlaubnis. Schon im Asylbewerbungsverfahren können Familien von einer Kindertageseinrichtung unterstützt werden. In diesem Stadium bereits kann die Kita tätig werden und ein Bildungsan-

gebot im frühkindlichen Bereich unterbreiten, denn Kinder aus Flüchtlingsfamilien haben denselben Rechtsanspruch auf einen Kitaplatz vom vollendeten ersten Lebensjahr an wie alle Kinder in Deutschland auch. Eltern können einen Kitaplatz beantragen, sobald die Familie nach ihrem Aufenthalt in der Erstaufnahmeeinrichtung in einer Kommune lebt.

Wichtig ist für eine Besprechung im großen Team, das sich auf die Aufnahme von Kindern aus Familien im Asylverfahren vorbereitet, sich klarzumachen, dass man nicht bei null anfängt. Fachkräfte in Kindertageseinrichtungen verfügen bereits über nützliches professionelles Wissen und Können, an das angeknüpft werden kann, um diese Aufgabe zu meistern. Sie haben ja bereits jetzt schon berufliche Erfahrungen im Umgang mit Vielfalt in Kindertageseinrichtungen. Mittlerweile gehört es zur Aufgabe jeder Fachkraft, den Entwicklungsstand von Kindern einzuschätzen, um angemessene Bildungsangebote einbringen zu können (vgl. Kultusministerium 2015, S. 59f). Es ist Standard, dass Fachkräfte an die ganz unterschiedlichen Interessen von Kindern anknüpfen. Auch verfügt jede Einrichtung über Expertise für eine alltagsnahe Sprachförderung. Grundlagen zur Förderung von Kindern mit Deutsch als Zweitsprache sind ebenfalls vorhanden. Immer mehr Einrichtungen in Deutschland realisieren Integration, in Ansätzen sogar Inklusion. Immer mehr Einrichtungen machen sich hierzulande auf den Weg, bewusst vielfalts- und kultursensibel zu arbeiten. Auch zur professionellen Gestaltung von Transitionen, beispielsweise bei den Übergängen von der Familie in die Kita oder von der Kita in die Schule, sind Einrichtungen befähigt. Ebenso gehört der Aufbau einer vertrauensvollen Erziehungs- und Bildungspartnerschaft mit Eltern und Angehörigen der Kinder zu den Aufgaben, der sich jede Einrichtung stellt. Im Rahmen einer positiven Partnerschaft können Fachkräfte ihre Kenntnisse über besondere Lebensverhältnisse von Familien in der Kita für Bildungsprozesse sinnvoll aufgreifen. Diese positive Kooperation mit Angehörigen und Eltern unterstützt Fachkräfte dabei, durch pädagogische Angebote in der Kita die Resilienz von Kindern gegenüber belastenden Lebenssituationen zu stärken. Manchmal jedoch übersteigen die Lebensbedingungen in einer Familie deren Bewältigungsmöglichkeiten. Dann ist es sinnvoll, wenn Kindertageseinrichtungen auf ein Netzwerk aus Institutionen und Einzelakteuren im Gemeinwesen zurückgreifen können, das professionell oder ehrenamtlich Unterstützung bietet. An diesen im Rahmen einer Pädagogik der Vielfalt erworbenen beruflichen Erfahrungsschatz kann gezielt angeknüpft werden.

Konstruktive Entwicklungsmöglichkeiten für die Praxis

1. Familie: Vertrauensstiftende Maßnahmen

Familien erfahren durch ein Asylverfahren eine gewisse Vereinheitlichung. Sie wohnen in aller Regel in beengten Wohnverhältnissen, verfügen über geringe finanzielle Ressourcen und hoffen alle gleichermaßen auf eine Aufenthaltserlaubnis. Darüber hinaus jedoch sind Familien im Asylverfahren sehr verschieden. Sie kommen aus unterschiedlichen Regionen der Einen Welt. Sie erlebten ganz unterschiedliche politische und soziale Verhältnisse. Sie nahmen in dem Land, aus dem sie geflohen sind, einen je unterschiedlichen Status ein. Verschiedene Gründe veranlassten sie zur Flucht. Auch differieren die Fluchterfahrungen. Familien, die aus derselben Nation stammen, können ihre Zugehörigkeiten zu unterschiedlichen religiösen, sozialen, politischen Gruppierungen im Herkunftsland unterschiedlich definieren. Jede Familie wird auf die je eigene Weise den Verlust der Heimat empfinden und verarbeiten. Jede Familie wird auf je eigene Weise Hoffnungen entwickeln für einen Neuanfang im Aufnahmeland. Pädagogische Fachkräfte sollen also von Anfang an davon ausgehen, dass ihre Informationen über die politischen und sozialen Verhältnisse in einem Land von Familien, die aus diesem Land geflohen sind, unterschiedlich interpretiert werden können. Anknüpfungspunkte oder Konfliktpotentiale zwischen den Familien und der Kindertageseinrichtung können nicht im Vorfeld vorausgesagt werden, sondern zeigen sich erst in der konkreten Begegnung. Konkret sollte besprochen werden, was sich die Eltern unter dem Besuch ihres Kindes in einer Kindertageseinrichtung vorstellen. Es kann sein, dass die Eltern über das deutsche Bildungssystem gut informiert sind und von Anfang an eine große Übereinstimmung in den Bildungszielen gegeben ist. Es kann aber auch sein, dass die Eltern nicht über diese Informationen verfügen und eventuell zunächst gegenüber der Institution Kita Vorbehalte zeigen. Der Weg kann also unterschiedlich weit sein, das Vertrauen von Familien insoweit zu gewinnen, dass Eltern und Angehörige die Aufnahme des Kindes in eine Kindertageseinrichtung als positiv erfahren können.

Hierzu ist nötig, dass …

- … Leitung und Fachkräfte als zugewandt und zuverlässig wahrgenommen werden.
- … Leitung und Fachkräfte die pädagogischen Kernziele der Einrichtung verständlich kommunizieren, nämlich:
- die Trias aus Betreuung, Erziehung und Bildung
- die Fokussierung auf das Interesse des Kindes als Bildungsanlass
- die Fokussierung auf das Spiel als zentrales didaktisches Element in der Elementarpädagogik
- die Zurückweisung eines überwiegend nachahmenden, memorierenden Vermittlungsstils bzw. eines ausschließlich auf die Schule vorbereitenden Vermittlungsstils
- die Unterstützung von Autonomie, positivem Sozialverhalten und demokratischer Orientierung beim Kind
- die Erziehungs- und Bildungspartnerschaft mit den Eltern und Angehörigen
- … Leitung und Fachkräfte ein sichtbar, fühlbar positives Verhältnis zum Kind aufbauen und
- … bei psychosozialen Problemen in der Familie kompetent weitervermitteln können.

2. Kind: Betreuung, Erziehung und Bildung

Auch Kinder aus Familien im Asylverfahren sind einerseits in Deutschland in einer ähnlichen Ausgangslage und verfügen zugleich über ganz unterschiedliche Lebenserfahrungen in ihren Familien. Wichtig ist hier für Leitung und Fachkräfte, sich Zeit dabei zu lassen, das Kind in seiner Individualität und in seinem Eingebunden-Sein in den familiären Zusammenhang kennenzulernen. Man sollte keinesfalls voreilige Prognosen abgeben, beispielsweise darüber, ob die Situation im Herkunftsland oder die Fluchterfahrung eine Traumatisierung zur Folge hatte.

Die Kindertageseinrichtung hat diesem Kind viel zu bieten:

- Die Betreuung, indem auf die kindlichen Grundbedürfnisse nach Wohlbefinden, Sicherheit, Schlaf und Hygiene eingegangen wird.
- Die Erziehung, indem Zugehörigkeit zu einer Kindergruppe vermittelt wird, in der man lernt, fair miteinander umzugehen.
- Die Bildung, indem bei der Ausgestaltung von Bildungsangeboten gezielt an die Interessen des Kindes angeknüpft wird.

3. Kindertageseinrichtung: Bildungsangebot für Kinder aus Familien im Asylverfahren im Rahmen einer Pädagogik der Vielfalt

Organisationsformen: Um ein anspruchsvolles Bildungsangebot für Kinder aus Familien im Asylverfahren anbieten zu können, sind unterschiedliche Organisationsformen möglich. Alle haben Vor- und Nachteile: Einmal kann man ein Kita-Angebot in den Räumlichkeiten der Anschlussunterkunft durchführen, mit dem Vorteil, dass man vielleicht in dieser Arbeit erfahrenere Fachkräfte einsetzen könnte. Ein Nachteil besteht darin, dass Familien der räumlichen Enge in den Unterkünften kaum je entrinnen können. Ein weiterer Nachteil ist, dass Kontaktmöglichkeiten der Familien zu anderen Familien mit Kindern außerhalb der Unterkunft dann kaum noch gegeben sind.

Eine weitere Möglichkeit wäre, eine Gruppe innerhalb einer Kita zu bilden. Der Vorteil wäre wiederum, dass man mit dem Thema schon vertrautere Fachkräfte hier einsetzen könnte. Aber es gibt Argumente, die gegen diese Lösung sprechen. Denn die Gefahr einer Stigmatisierung der Gruppe als „irgendwie besonders" oder gar als „irgendwie besonders schwierig" ist gegeben und es muss wiederum Energie eingesetzt werden, um diese mögliche Beeinträchtigung zu überwinden.

Die Aufnahme eines Kindes aus einer Asylbewerberfamilie in eine Regelgruppe kann sich insofern schwierig gestalten, als pädagogische Fachkräfte sich an dieser Stelle erst einarbeiten und Erfahrungen sammeln müssen. Auf der anderen Seite jedoch birgt diese Herausforderung auch die große Chance, sich persönlich und professionell weiterzuentwickeln. Für die Familie und für das Kind ist diese Organisationsform, wenn sie gut gelingt, vermutlich die interessanteste, da sie vielfältige Möglichkeiten zur Kontaktaufnahme bietet.

Aufnahmegespräche: Der erste Eindruck, den die Einrichtung vermittelt, ist für alle Beteiligten von großer Bedeutung. Von daher sollten Aufnahmegespräche grundsätzlich gut vorbereitet werden. In diesem Falle muss man sich also einige auch sonst übliche Aspekte in Erinnerung rufen: Im Vorfeld muss abgeklärt werden, wie die Verständigung funktionieren kann. Kann in einer Sprache kommuniziert werden, die von einer pädagogischen Fachkraft beherrscht wird oder sollte eine Person als Dolmetscher/Dolmetscherin hinzugezogen werden? Für die Eltern kann man die wichtigen Punkte des Gesprächs auf einem zweispaltigen Vordruck festhalten. Auf die eine Seite werden in Deutsch die Kernpunkte eingetragen und auf der anderen Seite die Übersetzung durch die zweisprachige Fachkraft oder den Dolmetscher/die Dolmetscherin eingefügt. Im Gespräch geht es darum, von den Eltern oder Angehörigen einen ersten Einblick zu erhalten, wie sie die Familiensituation und darin das Kind im Moment wahrnehmen. Die Wünsche und

Hoffnungen der Eltern für sich und für ihr Kind interessieren hier, ebenso die Erwartungen an die Kindertageseinrichtung. Ein kurzer Elternfragebogen sollte grundsätzlich vorhanden sein und auch hier zum Einsatz kommen. Fragen nach den Vorlieben und Abneigungen des Kindes, nach den Essensgewohnheiten, möglichen Speiseverboten, gesundheitlichen Beeinträchtigungen sowie möglichen Behinderungen sind in jedem Fall wichtig. Auch die Fragen danach, wer das Kind abholen darf und wer im Notfall zu benachrichtigen ist, gehören in die ersten Kontaktgespräche hinein. Die Einrichtung sollte grundsätzlich die Möglichkeit anbieten, dass Familien den Alltag in der Kita einmal aus eigener Anschauung kennenlernen können. Auch sollten bereits am Anfang die pädagogischen Kernziele der Einrichtung angesprochen werden. Ein Flyer in unterschiedlichen Sprachen, der über die Arbeit kurz, knapp und möglichst verständlich informiert, könnte hilfreich sein. Zur Erstellung dieses Grundlagenflyers könnten sich mehrere Kitas im Gemeinwesen kostenbewusst zusammentun.

Eingewöhnung: Für die Eingewöhnung gilt die übliche Vorgehensweise. Allerdings muss bedacht werden, dass eventuell mehr Zeitbedarf besteht. Sensibel ist auf die Kennzeichen zu achten, die anzeigen, dass sich eine Bindung zwischen der Bezugsfachkraft und dem Kind entwickeln konnte. Zeichen für eine sichere Bindung sind: Das Kind sollte die Fachkraft erfreut begrüßen, sich nach dem Abschied von der Bezugsperson trösten lassen und sich nach einiger Zeit dem Spielzeug oder den Peers zuwenden.

Strukturierter Tagesablauf und Rituale: Einige tägliche Routinen und wiederkehrende Rituale machen den Alltag in der Kita überschaubar und strukturieren den Tagesablauf. Sie bieten Sicherheit durch die Wiederkehr vertrauter Elemente und sind insbesondere für Kinder, die in ihrem Leben Unsicherheiten und viele Wechsel erfahren mussten, von großer Bedeutung, um sich in der Kita wohlzufühlen und sich auf diese einlassen zu können. Ein ausgewogener Wechsel zwischen interessanten Bildungsangeboten und begleitetem Freispiel kommt den Interessen der Kinder entgegen. Vielfalts- und kultursensibel gestaltete Spielmaterialen lassen das Kind Zugehörigkeit und Angenommen-Sein erleben.

Sprachliche Kommunikation: Anfängliche Sprachbarrieren können überwunden werden durch die Gestaltung eines persönlichen Buches mit Fotos und Bildern, die dem Kind wichtig sind. Auch gebärden- und symbolunterstützte Kommunikation bietet sich an (beispielsweise Köhnen/Roth 2007).

Sonderstellung vermeiden: Das Kind und seine Familie werden sich in der Einrichtung nur angenommen fühlen können, wenn ihnen keine „Sonderrolle" zugeschrieben wird. Insofern ist es wichtig, auch die anderen Eltern von Anfang an miteinzubeziehen. Hierbei sollte verdeutlicht werden, dass die Kindertageseinrichtung offen ist für alle Kinder im Einzugsbereich und somit allen Kindern eine angemessene Bildungserfahrung vermitteln möchte. Die Fachkräfte sollten kontinuierlich über pädagogische Maßnahmen berichten, die sie insgesamt ergreifen, um eine Pädagogik der Vielfalt zu realisieren. Vor diesem übergreifenden Hintergrund wird die Bildungsarbeit mit einem Kind aus einer Asylbewerberfamilie verständlich und nachvollziehbar. Das Kind erhält im Rahmen einer Pädagogik der Vielfalt die Zuwendung und das pädagogische Angebot, das zur Individualität und Lebenslage passt – wie alle anderen Kindern auch.

Planung von Fortbildungen: Bei der in Kindertageseinrichtungen üblichen frühzeitigen Planung von Fortbildungen für Fachkräfte sollte Wert gelegt werden auf die Teilnahme an Seminaren zur Förderung der Praxis einer Pädagogik der Vielfalt.

4. Vernetzungsstrukturen aufbauen und an unterschiedliche Bedarfe anpassen

Eine professionelle Arbeit in Kitas beruht derzeit auf drei Säulen: der Betreuung, Erziehung und Bildung des Kindes, der Erziehungs- und Bildungspartnerschaft mit den Eltern sowie der Vernetzungsarbeit im Gemeinwesen. Diese Vernetzungsarbeit gewinnt zuneh-

mend an Bedeutung. Gerade in diesem Bereich können Träger und Fachberatung unterstützend tätig werden. Eltern und Angehörige wünschen sich u. a. Anregungen für den Umgang mit den Kindern, zuweilen auch Rat oder Unterstützung bei Erziehungsfragen oder sie zeigen Beratungsbedarf, die aktuelle soziale Lage der Familie betreffend. Oft ganz nebenbei in einem kurzen Tür-und-Angel-Gespräch wenden sie sich dann an die pädagogischen Fachkräfte ihrer Kindertageseinrichtung. Mittlerweile verfügen die Fachkräfte über eine Bandbreite an Unterstützungsmöglichkeiten. Da sind zum einen die Angebote zur Festigung und Förderung von elterlicher Erziehungskompetenz, welche die Einrichtung selber auf die Beine stellt, so z.B. Elternkurse, Väternachmittage, ein Elterncafé oder Spielzeugtauschbörsen mit Spielberatung. Größere Kindertageseinrichtungen oder ein Verbund aus kleineren Einrichtungen ermöglichen in ihren Räumen auch schon niederschwellig Sozialberatung, Schuldnerberatung oder Deutschkurse. Diese Strukturen, und insbesondere der Austausch der Kitas untereinander, können genutzt und weiterentwickelt werden zum Wohl aller anvertrauten Kinder und Familien, so auch der Kinder und Familien im Asylverfahren.

Auch die Vernetzung zu wichtigen Institutionen im Gemeinwesen wird immer üblicher (vgl. Kultusministerium 2015, S. 84f). Der gute Draht zum Jugendamt, zur Sozialberatung, Erziehungsberatung, Frühförderung, zu Ärzt_innen und Kinderärzt_innen, zu Therapeut_innen wie auch Traumatherapeut_innen kann Familienmitgliedern im Bedarfsfall über Schwellen hinweghelfen. Diese Vernetzungsstruktur der Kita hilft Familien im Asylverfahren. Hier sollte das Netzwerk allerdings noch etwas erweitert werden und zwar um: professionelle Ansprechpartner_innen, die für eine soziale Beratung von Bewohner_innen in der Unterkunft verantwortlich sind, Personen im Sozialamt. Auch ein Kontakt zu Ehrenamtlichen, zu Freundeskreisen, zu Vereinen und zu Nicht-Regierungs-Organisationen, die sich der Unterstützung von Menschen in Asylverfahren widmen, ist hilfreich. Ebenso nach Möglichkeit die Teilnahme an kommunalen Arbeitskreisen und Runden Tischen zum Thema Flüchtlingshilfe.

Zwischenfazit

Familien im Asylverfahren werden ihre Kinder nur in die Obhut von pädagogischen Fachkräften in Kindertageseinrichtungen geben, wenn ein Vertrauensverhältnis aufgebaut werden konnte. Wenn dies gelungen ist, können sowohl die Kinder, Eltern und Angehörigen im Asylverfahren als auch die anderen Kinder und Eltern und nicht zuletzt auch die pädagogischen Fachkräfte von einem guten Miteinander profitieren. Insbesondere Erfahrungen, die in Kindertageseinrichtungen bereits zuvor mit einer kultursensiblen Arbeit gemacht wurden, werden sich auch an dieser Stelle bewähren und die nötige professionelle Sicherheit bieten. Eine gute Vernetzungsstruktur, die pädagogischen Fachkräften im Bedarfsfall Unterstützung bietet, hilft dabei, Herausforderungen auf verschiedene Schultern zu verteilen, damit alle Beteiligten ihren jeweiligen Beitrag einbringen können, um ein qualitativ hochwertiges Angebot der Bildung, Erziehung und Betreuung von Kindern mit Fluchterfahrung sicherzustellen.

Den Alltag unter Vielfaltsaspekten diskriminierungsfrei gestalten

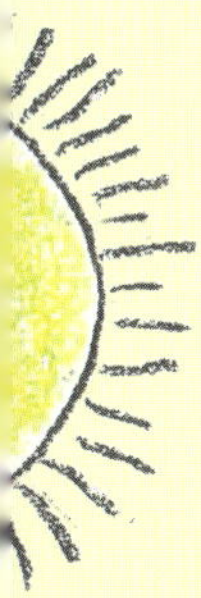

2.8 Qualitätsmerkmal: Professionell handeln bei diskriminierenden Äußerungen von Kindern

Bezug zum Orientierungsplan

„Die Erzieherinnen schaffen insgesamt ein Klima, in dem jedes Kind seine Fähigkeiten angstfrei zeigen kann und vor Etikettierung und Diskriminierung geschützt ist." (Kultusministerium 2015, S. 54)

Zur Diskussion: „Von uns hat sie das nicht!"

Debra Van Ausdale, die in den USA gemeinsam mit Joe R. Feagin über rassistische Vorstellungen von 3- bis 6-Jährigen forscht, protokolliert folgende Begebenheit in einer Kindertageseinrichtung: „Carla, ein dreijähriges Kleinkind, bereitet sich gerade auf den Mittagsschlaf vor. Sie hebt ihr Kinderbett an und beginnt damit, es auf die andere Seite des Kita-Raumes zu bewegen. Eine pädagogische Fachkraft fragt nach, was sie da tue. „Ich muss umziehen", erklärt Carla. „Warum?", will die Fachkraft wissen. „Weil ich nicht neben einem Neger schlafen kann", erwidert Carla, während sie auf die dunkelhäutige Nicole zeigt, ein vierjähriges Mädchen im Bett nebenan. „Neger stinken. Ich kann neben so einer nicht schlafen." Die weiße pädagogische Fachkraft ist verblüfft, fordert Carla auf, ihr Bett zurückzuschieben und keine „verletzenden Worte" zu gebrauchen. Carla wirkt amüsiert, aber sie willigt ein.

Später, nachdem die Kinder aus dem Mittagsschlaf aufgewacht und hinaus zum Spielen gegangen sind, gibt der weiße Leiter der Einrichtung gegenüber Ausdale an, er habe Carlas Eltern angerufen und zum Gespräch über diesen Vorfall gebeten: „Wenn Sie wollen, würde ich es gut finden, Sie wären bei dem Treffen dabei. (...) Auch möchte ich Sie wissen lassen, dass Carla so etwas hier nicht gelernt hat!" Beim Treffen sind beide Eltern – der Vater ist weiß, die Mutter weiß und asiatisch – zunächst ratlos, nachdem ihnen der Vorfall geschildert wurde. Der Vater merkte an: „Auf jeden Fall, diesen Mist hat sie nicht von uns!" Die Fachkraft betonte ebenfalls sofort, Carla könne derartige Worte auf gar keinen Fall in der Einrichtung gelernt haben. Daraufhin bot Carlas Vater diese Erklärung an: „Ich möchte wetten, sie hat das von Teresa. Ihr Vater ist (...) so ein richtiger Proll." (Ausdale/Feagin 2001, S. 1; Übersetzung von N. Kölsch-Bunzen)

Reflexion des Praxisbeispiels

In diesem Bericht wird eine deutliche Form der Diskriminierung unter kleinen Kindern wiedergegeben. Wenn man nun dieses Praxisbeispiel für Diskriminierung in einer Kindertageseinrichtung im Team diskutiert, ist es durchaus möglich, dass sehr kritische Anfragen auftauchen: Muss das sein, dass hier ständig auf die Hautfarbe hingewiesen wird? Und überhaupt, ist dies nicht ein Vorfall, der sich in den USA zugetragen hat? Beides sind ernst zu nehmende Fragestellungen.

Die erste Frage nach der Betonung der „Hautfarben" weist auch in der Tat auf eine Schwierigkeit hin. Geschichtsforschung (vgl. Koller 2009) konnte aufzeigen, dass insbesondere in Zeiten des Kolonialismus unterschiedliche Hauttönungen bei Menschen als herausragend bedeutsam dargestellt wurden. Ausdrücklich wurde das „Weiß" vom „Nicht-Weiß" unterschieden. Dem „Nicht-Weiß" wurden die Farben „Schwarz", „Gelb" oder „Rot" zugeschrieben. Keine dieser „Hautfarben" beschreibt, wie menschliche Haut faktisch aussieht, die individuell unterschiedlich, mehr oder weniger Pigmentierung aufweisen kann. Die „Hautfarbenlehre" nach der künstlichen Farbpalette „weiß", „schwarz", „gelb", „rot" jedoch ist ein im Kolonialismus wirksames Konstrukt. Deswegen werden diese „Hautfarben" hier in Anführungszeichen gesetzt, um zu verdeutlichen, dass man sie so in der Natur nicht vorfindet, sondern dass sie entwickelt wurden, um ungerechte Machtverhältnisse bis hin zur Versklavung in Kolonien zu rechtfertigen. Wer als „weiß" galt, gab vor, was die „Norm" sein sollte, und diese „Norm" verlieh das Recht zur Ausbeutung. Wem eine „andere, nicht-weiße Hautfarbe" zugewiesen wurde, galt als „nicht-normal" und hatte jenseits der „Norm" das Recht nicht auf der Seite. Im Kolonialismus verkehrte sich somit Recht in Unrecht, wandte sich gegen Menschen mit sogenannter „nicht-weißer Hautfarbe" und degradierte sie zu Objekten von Ausbeutung. Diese koloniale „Farbenordnung" spiegelte die realen Machtverhältnisse wider und stützte sie zugleich. Im Rassismus spielt das Konstrukt „Hautfarbe" eine herausragende Rolle. An der „Hautfarbe", so wurde behauptet, sollte die vermeintliche „Rasse" erkennbar sein. Heute, in Zeiten nach dem Ende des Kolonialismus und auch nachdem die Populationsgenetik (Cavalli-Sforza/Cavalli-Sforza 1996) erwiesen hat, dass der Begriff der „Rasse" nicht auf den Menschen anwendbar ist, besteht die Gefahr weiterhin, dass die „Hautfarben-Konstruktion" im Kultur-Rassismus weiterwirken kann. Kultur-Rassismus bedeutet, dass man nun nicht mehr von „Rassen", sondern von angeblich unüberwindlichen „angeborenen" kulturellen Unterschieden ausgeht. Insbesondere dem Farben-Konstrukt „schwarz" kommt hohe Symbolkraft zu, während „weiß" mittlerweile dazu tendiert, sich unsichtbar zu machen. „Weiß" steht in kulturrassistischer Lesart (Balibar 2014) immer noch für „Normalität", für die „normale Kultur", die angeblich so „normal" ist, dass man darüber gar nicht sprechen muss. „Schwarz" ist das Andere von „Weiß". Es ist die Abweichung, die „andere Kultur", die hervorgehoben wird und sich erklären muss. Wenn man das Fallbeispiel vor diesem Hintergrund noch ein weiteres Mal liest, werden aufmerksame Leser und Leserinnen vielleicht feststellen, dass ihnen der Hinweis auf Nicoles „Hautfarbe", die als „dunkelhäutig" bezeichnet ist, eher nicht negativ aufgefallen ist, wohl aber die Beschreibung der pädagogischen Fachkraft und des Einrichtungsleiters als „weiß". Wenn „Hautfarbe" ein Konstrukt ist, sollte man dann nicht besser heutzutage weder von „weiß" noch von „schwarz" sprechen und diese rassistische oder kultur-rassistische Sprechweise vermeiden? Dies ist leider nicht möglich: Die „Hautfarbenordnung" zum Tabuthema zu erklären, hieße, sowohl die Unterordnung von Menschen, die als „nicht-weiß", als „schwarz" bezeichnet werden, als auch die Privilegierung von Menschen, die als „weiß", als „Norm" betrachtet werden, unsichtbar zu machen. Insofern ist es sinnvoll, dass im Fallbeispiel oben in kritischer Absicht alle „Hautfarben" aufgeführt werden (vgl. Arndt 2012, S. 20f).

Die zweite Frage danach, ob die im Fallbeispiel vorgestellten Verhältnisse auch in Deutschland denkbar wären, ist insofern nicht leicht zu beantworten, da man hierzulande noch wenig geforscht hat zu Formen und Häufigkeiten des Auftretens rassistischer Äußerungen oder Handlungen von kleinen Kindern. Mangels tragfähiger Forschungsergebnisse im gesamten deutschsprachigen Raum ist man somit zurzeit insbesondere auf die Untersuchungen aus den USA angewiesen (vgl. Mac Naughton 2006). Als gut gesichertes und bereits außerhalb der USA im angelsächsischen Sprachraum getestetes Wissen kann gelten, dass Kinder bereits im Alter zwischen 3 und 5 Jahren die vermeintlichen Kennzeichen sicher identifizieren, die in „Rasse"-Konstruktionen eine wichtige Rolle spielen – beispielsweise Hauttönung und Haartextur –, und dass sie sich selbst und andere anhand dieser Merkmale einschätzen können (vgl. Mac Naughton 2006, S. 3). In diesem Alter beginnen die meisten Kinder auch damit, unabhängig von der eigenen „Hautfarbe" eine „weiße" Puppe aus einer Kollektion von Puppen mit unterschiedlichen „Hautfarben" zu bevorzugen (vgl. Mac Naughton 2006, S. 4). Früh setzen Kinder äußerliche Merkmale, die zu „Rasse"-Konstruktionen umgedeutet werden können, in Beziehung zu Erfahrungen, die sie mit gesellschaftlichen Normvorstellungen machen. Wenn sie und ihre Familie in ihrem Umfeld die Erfahrung machen, dass Menschen mit „weißer Hautfarbe" einer Normvorstellung eher entsprechen, dass ihnen eher das Gefühl von Zugehörigkeit vermittelt wird als Menschen „nicht-weißer Hautfarbe" und wenn diese Erfahrungen in Kitas

gar eine Fortsetzung finden, dann ist es nachvollziehbar, dass Kinder sich und andere diesem „Hautfarben-Ordnungssystem" zuordnen. Im Alter von 3 bis 5 Jahren suchen Kinder nach Worten, die die Welt beschreiben, wie sie sie wahrnehmen. So experimentieren sie auch mit Begriffen und Redewendungen, die Ordnungsmuster der Über- und Unterordnung wiedergeben. Genau dies geschieht, wenn Carla sich mit dem Wort „Neger" deutlich von Nicole distanziert. Die Reaktion der pädagogischen Fachkraft quittiert sie mit einem Lächeln. Denn ihr ist deutlich geworden, dass sie wirkmächtigen Begriffen auf die Spur gekommen ist, dass sie Handlungen ausführen kann, die Erwachsene stark aus dem Gleichgewicht bringen. Kleine Kinder lernen gesellschaftliche Ordnungsmuster insbesondere durch alltägliche Routinen kennen. Sind in diese Alltagsroutinen in Familie und Kita Diskriminierungen aufgrund von „Rassemerkmalen", dem Geschlecht, aufgrund körperlicher Kennzeichen oder Schichtzugehörigkeit eingelassen, bauen Kinder die Erfahrungen in ihr Verhaltensrepertoire kreativ ein. Insofern ist es kontraproduktiv, bei rassistischen oder anderen diskriminierenden Äußerungen von Kindern, die „Schuld" daran einem einzelnen Ereignis oder einem einzelnen Menschen anzulasten. Weiterführend ist die Frage, wie Kinder gesellschaftliche Ordnungssysteme wahrnehmen, wie sie diese widerspiegeln, mit ihnen arbeiten und kreativ mit ihnen umgehen. Die fachliche Blickrichtung ist also eine doppelte und richtet sich sowohl auf die Äußerungen und Handlungen der Kinder als auch auf das gesellschaftliche Ordnungssystem, so wie es sich den Kindern in der Familie, im Gemeinwesen und nicht zuletzt eben auch in der Bildungseinrichtung darstellt.

Das Fallbeispiel zeigt, dass Carla durchaus auf nachvollziehbarem Weg ist, ein gesellschaftlich bedeutsames Ordnungssystem zu verstehen. Das Mädchen sieht eine „weiße" pädagogische Fachkraft und einen „weißen" Einrichtungsleiter, einen „weißen" Vater, der in diesem Elterngespräch versiert das Wort ergreift. Sowohl die Ermahnung vor dem Mittagsschlaf als auch das Elterngespräch dienen überwiegend einer „Schuld"-Abwehr: „Das hat sie nicht von uns!" Carla, das vielleicht auch um den eigenen „Hautfarbenstatus" ringende Kind eines „weißen" Vaters und einer „weiß-asiatischen" Mutter, wird Objekt einer nicht dialogisch gemeinten Ermahnung zum Wohlverhalten. Auch Nicole, das „schwarze" Kind, das nicht direkt angesprochen wird, bleibt Objekt von hektischen Folgehandlungen der Erwachsenen. In ähnlich gelagerten Fällen, wie dem oben beschriebenen, benötigen sowohl die Kinder als auch deren Familien ein anderes professionelles Handeln.

Konstruktive Entwicklungsmöglichkeiten für die Praxis

1. Diskriminierungen erkennen

Diskriminierende Äußerungen und Handlungen von Kindern gegenüber anderen Kindern kommen im Alltag der Kindertageseinrichtung vor. Die Möglichkeit besteht, dass Kinder einander das Geschlecht vorwerfen, die Beschaffenheit ihrer Körper, die Schichtzugehörigkeit und, wie im Beispiel oben ausführlich besprochen wurde, eine vermeintliche „Rassenzugehörigkeit". Die Palette der Beschimpfungen und Ausschließungen kann vielfältig sein, von „Geh weg, mit Jungen spielen wir Mädchen nicht", über „Mädchen sind halt doof", von „Behindi", „Fette Kuh" bis „Asi", von „Du blöder Jude" bis hin zu „Neger". Anhand der Kriterien Geschlecht, Körper, Schicht, „Rasse" und auch mit antisemitischen Herabsetzungen wird Diskriminierung ausgeübt. Wichtig ist es hier, zu erkennen, dass es sich um mehr als eine persönliche Beleidigung handelt. Hier steht mehr auf dem Spiel, als dass ein Kind sich revanchiert, weil vielleicht ein anderes Kind ihm zuvor ein Spielzeug weggenommen hat. Die Beleidigungen beziehen sich auf Unterscheidungskriterien, anhand derer in der Gesellschaft Über- und Unterordnungen vorgenommen werden können. Um in der Kita professionell handeln zu können, ist es bedeutsam, zunächst einmal in Streitfällen unter Kindern Diskriminierung zu erkennen. Von Diskriminierung kann ausgegangen werden, wenn ein Kind in einem Streit Ablehnung erfährt aufgrund des Geschlechts, des Körpers, der Schichtzugehörigkeit oder der vermeintlichen Zugehörigkeit zu einer „Rasse". Ein schlichter Appell wie „Du darfst so etwas nicht sagen", wird unverstanden verhallen. Auch eine professionelle Streitschlichtung als ausschließliches

Mittel der Wahl anzuwenden, verkennt die gesellschaftliche Dynamik von Diskriminierung und greift in diesem Fall zu kurz.

2. „Hautfarben-Ordnungen" erkennen

Insbesondere ist es nicht leicht, Normsetzungen, die nach einem „Hautfarbenschema" strukturiert sind, zu erkennen. Es lohnt sich aber, hier den eigenen Blick als pädagogische Fachkraft zu schulen. Denn „Hautfarbenschemata" dienen letztlich der Ausschließung und Unterordnung und bergen ein hohes Verletzungspotential für die betroffenen Kinder und ihre Familien. Was tun wir, wenn Kinder ein Bild von sich malen wollen und für die Darstellung der Haut nur die Farben Weiß, Schwarz, Gelb und Rot zur Verfügung stehen? Wer an dieser Stelle sensibilisiert ist, bietet nun Stifte an, die das Spektrum der Pigmentierung menschlicher Haut auch für kleine Kinder bereits darstellbar machen. Wer die Funktionsweise des „Hautfarbenschemas" durchschaut, versteht vollauf den Ärger in Deutschland geborener und aufgewachsener, mit deutschem Pass ausgestatteter Afrodeutscher über die zunächst „nett" erscheinende Frage: „Und woher stammen Sie?" Oder auch über das zweifelhafte Kompliment: „Sie sprechen aber gut Deutsch." Der Hintergrund ist jedoch weniger „harmlos". Hinter der Frage bzw. dem Kompliment zeigt sich die unausgesprochene „Norm", jenseits der Realität. Hinter der Frage steht die „Normalitätsvorstellung", dass Deutsch-Sein „normalerweise" mit „Weiß-Sein" einhergeht. Und um ein letztes Beispiel anzuführen: Wer an dieser Stelle sensibilisiert ist, erkennt die Problematik hinter der Verwendung des Begriffs „hautfarben", beispielsweise in Bezug auf Unterwäsche oder Wundpflaster. Mit diesem Begriff wird in unangemessener Weise wiederum „helle Haut" zur „Norm" erhoben. Selbstverständlich kann man in der Kindertageseinrichtung beigefarbene Unterwäsche oder beigefarbene Wundpflaster verwenden. Aber im Bereich der alltagsbezogenen sprachlichen Bildung ist es wichtig, den Kindern einen angemessenen, nicht-diskriminierenden Farbbegriff zu vermitteln. Sachlich zutreffend wäre in diesem Fall der Hinweis auf die Farbe Beige. „Hautfarbenschemata" kommen subtil daher, oft unbemerkt von denen, die in der „Farbordnung" einen hohen Rang einnehmen. Daher ist es für die Betroffenen auch schwer, sich dagegen zu wehren, weil sie nicht selten auf das Unverständnis derer stoßen, von denen die Verletzung ausgeht. Insofern ist es insbesondere die Aufgabe der von einer „Hautfarbenordnung" Privilegierten, aktiv zu werden und jeglichen Formen der Diskriminierung, auch den subtilen, zu widerstehen.

3. Professionell handeln im Fall von diskriminierenden Äußerungen oder Handlungen von Kindern gegenüber anderen Kindern

Hier ist es ganz wichtig, dass pädagogische Fachkräfte Schutz und Zuwendung bei diskriminierenden Äußerungen und Handlungen unter Kindern bieten. Zunächst richten sich Schutz und Zuwendung an das Kind, dem durch die Diskriminierung eine herabsetzende Position zugeschrieben wurde. Hier gilt es, ruhig und besonnen zu bleiben. Man sollte nicht den eigenen verärgerten oder beschwichtigenden Impulsen folgen. Vielmehr sollte man Präsenz zeigen und aufmerksam für das sein, was das Kind fühlt. Ist es wütend, kann man den Ärger bestätigen: „Das war nicht nett von Z. Ich verstehe gut, dass du wütend bist." Auch ein Gefühl von Trauer oder Enttäuschung kann so verbal und mit der entsprechenden Körpersprache bestätigt werden. Mitunter jedoch kann das betroffene Kind den Sinn der Diskriminierung noch nicht erfassen. Dann könnte die Fachkraft sich solidarisch dem Kind zuwenden und auch dies verbal zu Ausdruck bringen: „Z. hat da gerade etwas gesagt, dass nicht nett war. Ich bin jetzt bei dir."

In einem weiteren Schritt sollte man sich dem Kind zuwenden, welches sich diskriminierend geäußert hat. Auch hier ist es wichtig, nicht die eigenen Gefühle in den Vordergrund zu stellen. Vielmehr sollte man sich dem Kind zuwenden und so sprechen, dass es eine Chance hat, zu verstehen, dass seine Handlungsweise für ein anderes Kind verletzend ist. „Z., du hast da etwas gesagt, was X. wütend/traurig gemacht/durcheinander gebracht hat. Das ist nicht gerecht." Hierbei sollte man das Kind jedoch weder zur Einsicht, noch zu einer Entschuldigung zwingen. Auch sollten die Kinder zuvor im Alltag ausreichend selber erfahren haben, was Gerechtigkeit konkret bedeutet. In einer zweiten Phase in den nächsten Tagen sollte man sowohl mit beiden Kindern einzeln möglichst undramatisch, spielerisch und offen auch für „Unkorrektes" versuchen, zu verstehen, welche Bedeutung die Diskriminierung jeweils für die Kinder hat. Was bedeutet das Wort für das Kind, das es ausgesprochen hat, und was bedeutet es für das Kind, dem der Ausspruch galt? Ihre Sicht auf die Dinge soll zählen.

In einer dritten Phase schließt sich ein Teamgespräch an, in dem das weitere pädagogische Vorgehen in einer vierten Phase besprochen und geplant wird. Hier stehen den pädagogischen Fachkräften beispielsweise über das Projekt Kinderwelten bereits eine ganze Reihe von praktischen Tipps und Hinweisen zur Verfügung, die alltagsnah eingesetzt werden können (beispielsweise Wagner 2013). Mittlerweile gibt es Bilderbücher in englischer und einige in deutscher Sprache, die Kinder dabei unterstützen ihre Haut und ihre Haare nicht unter rassistischen Gesichtspunkten, sondern selbstbewusst positiv zu betrachten (beispielsweise Pinkney 2000; Rotner/Kelly 2009). Auch künstlerische

Arbeitsformen bieten sich an: So kann die pädagogische Fachkraft vom Kind einen Körperumriss auf Papier erstellen, den das Kind in allen positiven Aspekten ausgestaltet. Dabei kann man das Kind dabei unterstützen, jenseits von kolonialen und rassistischen Zuschreibungen, eigene Fantasien, Wünsche und Träume zu entfalten und in das Selbstbildnis einzubringen.

4. Sich professionell vorbereiten

Wenn Kindern einerseits bekannt ist, dass sie nicht diskriminieren sollen, aber anderseits Diskriminierungen in ihrer Alltagspraxis vorfinden, verwundert es nicht, dass Kinder damit beginnen, sich ihren eigenen Reim darauf zu machen. Diskriminierende Äußerungen und Handlungen von kleinen Kindern sind also nicht als Phase zu deuten, die später per Reifung von selbst überwunden wird. Es ist damit zu rechnen, dass diese Äußerungen und Handlungen in Kindertageseinrichtungen auftreten und dass sie auch nicht „von selber" wieder verschwinden. Diskriminierende Äußerungen und Handlungen kleiner Kinder untereinander sind anspruchsvolle Lernanlässe für alle am Bildungsprozess in der Kita Beteiligten. Diese Lernanlässe sollten pädagogische Fachkräfte vorstrukturieren, bevor der Diskriminierungsvorfall eintritt.

Folgende Punkte sind hierbei proaktiv zu bedenken:

- Eine Querschnittsaufgabe ist es, immer wieder zu hinterfragen, ob sich in der Alltagspraxis der Kindertageseinrichtung Redeweisen oder Handlungsweisen finden, die von den Kindern als Diskriminierung erfahren oder aufgefasst werden können.
- Im Team sollte man sich über Methoden informieren, mit denen man die Kinder dabei unterstützen kann, in nicht-diskriminierender Weise zu sprechen und zu handeln. Hier wäre ein Methoden-Pool aufzubauen, der sukzessive erweitert werden kann. Selbstverständlich sind die Methoden dann an die jeweilige Lernausgangslage der Kinder anzupassen (beispielsweise Wagner 2013; Derman-Sparks/Ramsey 2011).
- Auch sollte den Kindern sehr konkret erfahrbar werden, was der Begriff Gerechtigkeit im Alltag bedeutet.
- Die Kinder sollten dabei unterstützt werden, eine nicht-diskriminierende Redeweise zu üben. Hierbei ist es für die Fachkräfte wichtig, Vorbildfunktion zu übernehmen und sich selbst um eine angemessene Sprache zu bemühen.
- Es sollten in regelmäßigen Abständen Beobachtungen durchgeführt werden, speziell unter dem Gesichtspunkt: Wie sprechen die Kinder untereinander über gesellschaftliche Ordnungsmuster, an denen sich Diskriminierung festmachen kann? Also über das Geschlecht, die Beschaffenheit der Körper, die Schichtzugehörigkeit bzw. über

eine vermeintliche „Rassenzugehörigkeit"? Hier geht es keinesfalls darum, mögliche „Täter" im Vorfeld ausmachen zu wollen. Vielmehr zielt die Beobachtung darauf, die Denk- und Handlungsweisen der Kinder besser zu verstehen, um sie angemessen in der Entwicklung zu einer demokratischen Persönlichkeit unterstützen zu können.

- Die Eltern und Angehörigen sollten kontinuierlich im Rahmen einer Erziehungs- und Bildungspartnerschaft auf Augenhöhe in die Antidiskriminierungsarbeit einbezogen werden. Hierzu gehören u.a.:
  - Information über entwicklungspsychologische Hintergründe von Diskriminierung sollten vermittelt werden. Ist sich das Team zunächst nicht sicher in der Thematik, kann auf geeignete Referent_innen zurückgegriffen werden.
  - Grundprinzipien der Antidiskriminierungsarbeit in der Einrichtung sollten vorgestellt werden, nämlich:
    - Weiterentwicklung antidiskriminierender Strukturen in der Einrichtung
    - Aufbau eines Methoden-Pools
    - Antidiskriminierung als Bildungsaufgabe für die Kinder
    - Gemeinsame Überlegungen, wie Elemente aus der Antidiskriminierungsarbeit in der Einrichtung eventuell auf die Familie übertragbar sein könnten

Zwischenfazit

Diskriminierende Äußerungen und Handlungen unter Kindern in Kindertageseinrichtungen kommen vor. Man sollte jedoch nicht davon ausgehen, dass es sich hierbei um entwicklungspsychologisch bedingte Übergangsphänomene handelt. Das „verwächst sich nicht". Diskriminierungen, die sich auf das Geschlecht, die körperliche Beschaffenheit, die Schichtzugehörigkeit oder eine vermeintliche „Rassenzugehörigkeit" beziehen, sind als Bildungsanlass für die Kinder und alle anderen am Bildungsprozess Beteiligten ernst zu nehmen. Um hier professionell angemessen als pädagogische Fachkraft handeln zu können, ist eine gute Vorbereitung im Vorfeld hilfreich. Im Diskriminierungsfall empfiehlt sich ein mehrphasiges Vorgehen. Zunächst sollte den Kindern Schutz und Sicherheit geboten werden. Daran schließen sich konkrete, kindgerechte pädagogische Angebote an, um mit Kindern ein nicht-diskriminierendes Sprechen und Handeln zu praktizieren. Auch das Gespräch mit den Eltern ist für eine gelingende Antidiskriminierungsarbeit wesentlich.

2.9 Qualitätsmerkmal: Allen Kindern vielfältige Bildungserfahrungen ermöglichen

Bezug zum Orientierungsplan

„Auf die Unterstützung und Anregung der Prozesse der Weltaneignung bezogen bedeutet dies: (...) Besprechung und Abstimmung der Angebote zur Anregung und Förderung der Bildungsprozesse jedes Kindes mit seinen Eltern." (Kultusministerium 2015, S. 62f)

Zur Diskussion: Der Schlittenausflug

Endlich hat es geschneit. Die Kita will einen kleinen Ausflug zu einem Schlittenhang im Wald machen und bittet die Eltern, ihre Kinder passend zu kleiden und an dem entsprechenden Tag bis spätestens um 9 Uhr in die Einrichtung zu bringen.
A. berichtet am nächsten Tag, dass sie zum Schlittenfahren nicht mit dabei sein wird. Am Tag des Schlittenausflugs kommt A. nicht in die Kita, sondern wird von ihren Eltern telefonisch entschuldigt.

Immer wieder berichten Fachkräfte von ähnlichen Erfahrungen. Eltern möchten nicht, dass ihr Kind ins Schwimmbad geht, sie wollen es nicht mit in die Waldwoche geben oder an der Übernachtung im Kindergarten teilnehmen lassen. Es kommt auch vor, dass Eltern nicht möchten, dass für ihr Kind Geburtstag gefeiert oder es für ein Faschingsfest verkleidet wird. Die Gründe dafür können vielschichtiger sein, als auf den ersten Blick vermutet. Da Kitas einen Bildungsauftrag haben, gilt es, sich mit den möglichen Gründen auseinanderzusetzen, mit den Eltern ins Gespräch zu kommen und Möglichkeiten zu finden, wie dem Kind die Teilnahme an dem Bildungsangebot oder eine ähnliche Bildungserfahrung eröffnet werden kann.

Reflexion des Praxisbeispiels

Welche Gründe könnten vorliegen, warum A. nicht mit zum Schlittenfahren kommen darf? Welche weiteren Deutungsmöglichkeiten können hier weiterführen?
Eine Deutungsmöglichkeit wäre, dass A. nicht über die notwendige Ausrüstung (Handschuhe, Stiefel, Schneehose usw.) verfügt. Möglicherweise möchte die Familie dies aber nicht eingestehen, da materielle Armut bzw. eng begrenzte finanzielle Ressourcen als Tabu und als eigenes Versagen empfunden werden. Man erlebt immer wieder, dass sich hinter

Einwilligungsverweigerungen zu Ausflügen letztlich finanzielle Schwierigkeiten verbergen. Vielleicht ist es für die Eltern aber auch schwierig, ihr Kind an diesem Tag rechtzeitig zur Kita zu bringen? Oder die Eltern fürchten eine Gefahr, vielleicht gerade dann, wenn sie selbst in ihrer Kindheit keine Gelegenheit zum Schlittenfahren hatten und dies nur vom Hörensagen oder über Unfallschilderungen aus der Presse kennen? Oder das Kind selbst hat Angst vor dem Schlittenfahren und die Eltern wollen die Tochter schützen, sodass sie das nicht vor den anderen Kindern zugeben muss?

In dem oben geschilderten Fall spielt eine andere Begründung eine Rolle. Die Familie von A. stammt aus Mumbai in Indien und ist erst seit einigen Monaten in Deutschland. Die Eltern sind als Gastwissenschaftler für eine befristete Zeitspanne in Deutschland tätig. Sie legen großen Wert auf die Bildung ihrer Tochter. Aber A. soll an manchen Aktivitäten, die außerhalb der Einrichtung stattfinden, nicht teilnehmen. Es gelingt, mit den Eltern darüber zu sprechen. Die Eltern sind verwundert darüber, dass es für die Kita von Bedeutung ist, dass ihre Tochter an diesen Aktivitäten teilnimmt. Aus ihrer Sicht handelte es sich eher um zusätzliche Freizeitangebote, die keinen Bildungswert aufweisen. Das Bild der Eltern von A. über die Aufgaben einer Kita besteht in einer gezielten kognitiven und sprachlichen Förderung. Sie sind der Ansicht, ihre Tochter wäre besser einen Tag zu Hause bei der Mutter aufgehoben, die sich für einzelne Tage unter der Woche freinehmen konnte, dagegen am Wochenende oft zur Arbeit ins Labor gehen musste, statt an einem Ausflug in den Wald oder in den Schnee teilzunehmen. Diese Tage alleine mit der Mutter waren für A. immer etwas ganz Besonderes und weder Mutter noch Tochter wollten sie missen. Reguläre Kita-Tage nahm die Familie dagegen sehr ernst, denn ihnen war es wichtig, dass A. soviel wie möglich lernt. Im Gespräch mit den Eltern gelang es den pädagogischen Fachkräften, den Bildungswert des Vorhabens zu vermitteln. Wichtige Stichworte waren hier: Naturerfahrung, Stärkung des sozialen Miteinanders außerhalb der gewohnten Umgebung der Kita, Schulung der Körperkoordination in einer herausfordernden natürlichen Umwelt. Die positiven Erfahrungen zwischen Mutter und Tochter durch gemeinsam verbrachte Zeit unter der Woche wurden dadurch erhalten, dass mitunter ein kitafreier Tag außerhalb der Exkursionstage genommen werden konnte.

Konstruktive Entwicklungsmöglichkeiten für die Praxis

Die Gründe für Bedenken von Eltern gegenüber Bildungsangeboten und Vorhaben der Kita können sehr vielfältig sein. Dementsprechend gilt es, unterschiedliche Wege zu finden, wie man die Bedenken der Eltern einerseits ernst nehmen und berücksichtigen, aber gleichzeitig den Kindern Bildungserfahrungen ermöglichen kann. Ein pauschales Rezept gibt es nicht, denn jeder Fall ist anders gelagert. Entscheidend ist, das Gespräch mit den Eltern zu suchen, die Gründe für ihre Ablehnung zu erfahren und mit ihnen zusammen den Weg frei zu machen oder alternative Wege zu suchen. Entlang des Bildes eines Weges werden im Folgenden systematisch Ansatzpunkte aufgezeigt, wie man Brücken bauen kann, um Kindern Bildungserfahrungen zu ermöglichen.

1. Den Weg auf der Landkarte zeigen

Manchmal kennen Eltern die entsprechenden Aktivitäten aus ihrer eigenen Kindheit nicht. Wer selbst nicht in einer Umgebung aufgewachsen ist, in der Naturerfahrung weitgehend gefahrenlos möglich ist, schätzt die Risiken u.U. anders ein oder fühlt sich bei Sicherheitsmaßnahmen – z.B. dem Absuchen nach und Entfernen von Zecken – nicht sicher genug. In solchen Fällen muss die Kita in Ruhe und bereitwillig Fragen beantworten und offenlegen, wie sie vorgeht, und alle notwendigen Informationen geben.

2. Das Ziel des Weges offenlegen

Im Fallbeispiel von A. zeigt sich, dass den Eltern die Zielsetzung und der Sinn des Angebots nicht deutlich waren. So setzten sie in Abwägung zu anderen Zielen andere Prioritäten. Viele Bildungsangebote in der Kita erscheinen aus dem professionell geprägten Blick der Fachkräfte heraus selbstverständlich und selbsterklärend. Doch Eltern bringen die unterschiedlichsten biografisch geprägten Erfahrungen, Orientierungen, persönlichen Einstellungen und von Medien beeinflusste Erwartungen an die Kita mit. Deshalb gilt es, die Ziele und die Wege dahin offenzulegen und allen verständlich zu machen.

3. Den Weg kennenlernen – das Kind auf dem Weg ein Stück begleiten – nur ein Teilstück gehen

Es kann für Eltern hilfreich sein, wenn sie bei einer Aktivität, die ihnen unbekannt ist, ein Stück weit dabei sein können, um diese kennenzulernen und Vertrauen entwickeln zu können. Vielleicht kann das Kind, anstatt an der Übernachtung teilzunehmen, noch bis zur Gute-Nacht-Geschichte dabeibleiben und morgens zum Frühstück wiederkommen?

4. Hindernisse aus dem Weg räumen

Möglicherweise geht es aber auch darum, ein Hindernis aus dem Weg zu räumen. So könnte es sein, dass ein Kind nicht die richtige Ausstattung hat. Man kann anregen, dass ein anderes Kind etwas ausleiht. Vielleicht verfügt die Kita über einen Fundus von gut erhaltenen Kleidungsstücken aus Sammlungen oder vom Erlös eines Kindersachenbasars, auf die man zurückgreifen kann.

Schwieriger ist es, wenn finanzielle Aspekte eine Rolle spielen, diese aber nicht als solche benannt werden. Familien, die ihre Lage nicht preisgeben möchten, sollten auf keinen Fall dazu gedrängt werden. Man kann nur indirekt auf Elternabenden auf grundsätzliche Unterstützungsmöglichkeiten in solchen Fällen hinweisen und Eltern ermutigen, sich vertraulich an eine Fachkraft zu wenden. Deutlich werden muss ein Klima der Offenheit für vielfältige soziale Lagen, sodass sich diese Familien nicht als Außenseiter sehen, sondern erleben, dass Armut strukturelle Gründe hat und keinem persönlichen Versagen geschuldet ist.

5. Einen anderen Weg zum Ziel finden

Macht man sich die mit der entsprechenden Aktivität verbundenen Ziele deutlich, findet man oft andere Möglichkeiten, wie man dem Kind entsprechende Bildungserfahrungen ermöglichen kann. Beispielsweise für das Kind, dessen Geburtstag nach der Bitte der Eltern nicht gefeiert werden soll, findet man sicherlich eine andere Form, wie es einmal in positiver Weise im Zentrum der Aufmerksamkeit stehen und wie man die Freude darüber, dass es da ist, zum Ausdruck bringen kann. Statt eines Geburtstagsliedes kann z.B. eines der zahlreichen Willkommenslieder gesungen werden, in dem das Kind namentlich genannt und gewürdigt wird.

6. Den Weg erst später gehen

Wenn man die Erziehungs- und Bildungspartnerschaft mit Eltern auf Augenhöhe ernst nimmt, muss man lernen, professionell damit umzugehen, dass in manchen Fällen für den Moment keine Einigung erzielt werden kann. Dann gilt es, dennoch an dem Bildungsthema dranzubleiben, mit den Eltern weiterhin das Gespräch zu suchen und das Anliegen im Interesse des Kindes weiter zu verfolgen. Vielleicht darf das Kind im folgenden Jahr bei der Kindergartenübernachtung teilnehmen, vielleicht brauchen die Eltern einfach noch Zeit, um ihr Einverständnis für eine für sie ungewohnte Aktivität geben zu können. Vielleicht brauchen sie noch mehr Vertrauen in die Arbeit der Kita oder in ihr Kind. Vielleicht hilft es, wenn sie erfahren, dass es allen Kindern, die an einem Bildungsangebot teilgenommen haben, gut ging.

Zwischenfazit

Im Falle einer Spannung zwischen Zielen der Kita und Eltern gilt es, einerseits die Eltern ernst zu nehmen und nicht gegen sie zu handeln, andererseits aber auch im Interesse des Kindes „am Ball" zu bleiben und nicht vorschnell aufzugeben. Die Kita hat die Aufgabe, den Kindern vielfältige Bildungserfahrungen zu ermöglichen. Bildung greift auch über die bislang bekannte Lebenswelt hinaus und entwickelt kulturelle Vielfalt im Alltag der Kinder. Dies kann bei Eltern Bedenken oder gar Ängste auslösen. Die Fachkräfte haben die Aufgabe, im Sinne der Erziehungs- und Bildungspartnerschaft Eltern anzuerkennen und gleichzeitig jegliche Stereotypisierung zu vermeiden (vgl. Kultusministerium 2015, S. 63f). Dies bedeutet, auch dafür offen zu sein, dass Eltern ihre Einstellung – zumindest schrittweise – ändern können. Der Anspruch einer kultursensiblen Bildungsarbeit wäre gründlich missverstanden, wenn sie sich einfach auf den Standpunkt zurückzöge, man müsse eben alle Haltungen und Entscheidungen von Eltern einfach so hinnehmen, wenn diese „kulturell" bedingt seien. Gerade dadurch würde man einer in dieser Handreichung bereits mehrfach kritisierten Festlegung und Kulturalisierung Vorschub leisten. Dies wäre eine sehr eindimensionale Sichtweise. Mühsamer zwar, aber für alle Seiten wesentlich gewinnbringender und im Hinblick auf den Bildungsauftrag in Kindertageseinrichtungen notwendig ist es, das Gespräch mit den Eltern zu suchen. Aktiv sollte ein konstruktiver Aushandlungsprozess angeboten werden, der möglicherweise zu ganz neuen Erkenntnissen für beide Seiten und zu kreativen Lösungen führen kann.

2.10 Qualitätsmerkmal: Sich im Team auf eine diskriminierungsfreie Auswahl von Medien und Spielsachen verständigen

Bezug zum Orientierungsplan

„Werte, Ansprüche, Erfahrungen und die eigene Biografie beeinflussen das Handeln. (…) Die Leitungskraft berücksichtigt diese Einflüsse insbesondere bei ihren Führungsaufgaben sowie in der Zusammenarbeit im Team und mit Partnern. Sie ist sich ihrer diesbezüglichen besonderen Verantwortung bewusst." (Kultusministerium 2015, S. 56)

Zur Diskussion: Das Lied vom Lesespaß

Der Refrain des beliebten Liedes, das in unterschiedlichen Varianten gerne zum Übergang in die Schule gesungen oder bei Einschulungsfeiern aufgeführt wird, lautet: „Alle Kinder lernen lesen, Indianer und Chinesen, selbst am Nordpol lesen alle Eskimos. Hallo Kinder, jetzt geht's los!" (z.B. Neuhaus o.J. bzw. Mamas Truhe o.V., o.J.).
In einer Kita entwickelt sich eine Diskussion darüber, ob man dieses Lied weiterhin singen „darf". Manche Fachkräfte halten es für diskriminierend, andere argumentieren, dass man ja nicht jedes Wort auf die Goldwaage legen müsse. Es würde seit vielen Jahren erfolgreich eingesetzt und die Kinder, so sagen sie, haben einfach viel Spaß daran. Sowieso würden sie ja den Text gar nicht so genau beachten – vor allem komme es doch darauf an, dass das Lied Freude am Lesenlernen wecke.

Reflexion des Praxisbeispiels

Solche und ähnliche Diskussionen zeigen, dass sich Fachkräfte mit den rechtlichen und fachlichen Standards für eine diskriminierungsfreie Bildung und Erziehung auseinandersetzen und unter diesem Gesichtspunkt so manches hinterfragen, was bislang unkritisch durchgeführt wurde. Einen Anstoß dafür bot die Neuauflage des Kinderbuches „Die Kleine Hexe" im Jahr 2013, für die der Autor Otfried Preußler diskriminierende Begriffe überarbeitete. Solche Änderungen sind nicht immer unumstritten, da es ja nicht einfach ist, sich mit dem, was bislang als gute Praxis galt, kritisch auseinanderzusetzen. Und dies trifft ganz besonders auf Bücher und Lieder zu, die man schon sehr lange kennt – vielleicht sogar schon aus der eigenen Kindheit – und mit denen man gute Erfahrungen und schöne Momente verbindet. Das kann schmerzlich sein. Wer kritische Fragen stellt und das Gewohnte verändern möchte, muss damit rechnen, zunächst auf Ablehnung zu stoßen.

Auch kann man sich plötzlich dem Vorwurf ausgesetzt sehen, man sei allzu spitzfindig. Aber im Sinne des Erziehungs- und Bildungsauftrags ist es sehr wichtig, dass sich die Teams nicht nur im eigenen pädagogischen Handeln vielfalts- und kultursensibel sowie diskriminierungsbewusst verhalten, sondern genauso darauf achten, was durch Medien vermittelt in die Kita kommt.

Vielleicht ist es auf den ersten Blick gar nicht so eindeutig, inwiefern dieses Lied diskriminieren und die Würde von Kindern verletzen kann. Schaut man es sich genauer an, entdeckt man versteckte Botschaften (vgl. hierzu auch das Kapitel 2.4): Wenn gesungen wird, dass alle Kinder lesen lernen, aber zwei Gruppen von Kindern extra genannt werden („Indianer und Chinesen") und eine dritte Gruppe ganz besonders hervorgehoben wird („Eskimos"), so zeigt es, dass man gar nicht erwartet hatte, dass sie lesen lernen könnten, sondern dass dies als eine besondere Leistung zu betonen ist. So wird ein Zusammenhang zwischen ethnischer Zugehörigkeit und Lesefähigkeit nahegelegt, gerade so, als würde die Lesefähigkeit von gruppenspezifischen biologischen Grundlagen abhängen. Das wäre eine eindeutig rassistische Aussage. Nicht akzeptabel ist darüber hinaus, dass das Lied Kinder durch die Verwendung von Begriffen, die auf die Kolonialzeit zurückgehen, abwertet, so die Begriffe „Indianer" (vgl. Nduka-Agwu 2013) und „Eskimos" (vgl. Jana 2013).

Nicht zuletzt wird den Kindern mit diesem Lied falsches Wissen vermittelt. Direkt am Nordpol leben keine Kinder. Schon alleine deshalb ist dieser Text für die Verwendung in einer Bildungseinrichtung nicht geeignet. Falsch ist auch, dass alle Kinder lesen lernen. Laut dem Weltbildungsbericht 2015 haben weltweit gesehen weit mehr als 100 Millionen Kinder und Jugendliche aufgrund von Armut gar keinen Zugang zur Schule (vgl. Deutsche UNESCO-Kommission e.V. 2015) und lernen folglich nicht oder nur unzureichend lesen. Egal, ob das Lied den Kindern Spaß macht und „eigentlich gut gemeint" ist, weil es den Kindern ja Mut zum Lesen machen möchte, muss der Refrain umgedichtet werden. Der Orientierungsplan fordert von jeder Fachkraft eine vorurteilsbewusste Grundhaltung auf der Basis demokratischer Grundwerte und ihre Vorbildfunktion (vgl. Kultusministerium 2015, S. 56, 59).

Betrachtet man Liedtexte, Singspiele, Geschichten, Bücher und Spielsachen unter einem diskriminierungskritischen Blick, so wird manches, was so selbstverständlich bekannt und unhinterfragt überliefert ist, auf den Prüfstand kommen. Der kultursensible Blick prüft, was gesagt wird und wie es gesagt wird, so wie es anhand des Liedbeispiels gezeigt wurde. Ein kultursensibler Blick fragt aber auch danach, was *nicht* gesagt und *nicht* gezeigt wird. Denn das, was nicht gezeigt wird, wird dadurch von den Kindern als weniger wertvoll und weniger bedeutsam erlebt. Wenn beispielsweise in einer Einrichtung alle Puppen eine helle Hautschattierung aufweisen, so vermittelt dies den Kindern, es sei „normal", „hellhäutig" zu sein und dunklere Tönungen der Haut seien weniger wichtig oder weniger erwünscht. Welche Folgen das haben kann, zeigt eine Studie, der zufolge Kinder mit dunklerer Hautschattierung „weiße" Puppen als schöner bewerten und bevorzugen (vgl. Budick 2015, S. 16) – und damit ihre eigene Hautschattierung abwerten (vgl. Kapitel 2 .8).

So gilt es z.B., die Auswahl von Bilderbüchern in der Einrichtung daraufhin anzuschauen, ob in ihnen Vielfalt gezeigt wird und ob die Vielfalt als gleichwertig dargestellt ist (vgl. Kapitel 2.4 und 2.6). Wie wird Vielfalt sprachlich dargestellt? Wird von „Hautfarben" gesprochen? Dieser Begriff würde eine scharfe Abgrenzung der „Farben" gegeneinander nahelegen. Oder wird, wie es in dieser Handreichung vorgeschlagen wird, von „Hautschattierungen" gesprochen? Diese Sprachregelung lädt zur Beschreibung von Hauttönungen ein, die auf einem Kontinuum nicht scharf gegeneinander abgegrenzt sind.

Ferner kann man fragen: Kommen Erwachsene und Kinder vor, die verschiedene Hautschattierungen, Haartexturen, Namen und Familiensprachen aufweisen? Sind in den Geschichten, die erzählt werden, die Hauptfiguren gleichwertig auf die Vielfaltsaspekte hin verteilt? Kommen in den Liedern, die gesungen werden, Kinder vor, die in verschiedenen Lebenswelten und Familienformen leben? Ist die Auswahl der Puppen vielfaltsgerecht? Finden sich im Kaufladen und in der Rollenspielecke Utensilien, die die familiäre Vielfalt aufgreifen, sodass alle Kinder Gegenstände finden, die sie von zu Hause kennen könnten (z.B. unterschiedliche Formen von Geschirr, unterschiedliche Lebensmittel, unterschiedliche Kleidung)?

Konstruktive Entwicklungsmöglichkeiten für die Praxis

1. Im Team Standards festlegen

Die Leitung sollte darauf achten, dass in diesem Prozess alle im Team mitgenommen werden. Das gesamte Team sollte sich auf den Weg machen, die Kita vielfalts- und kultursensibel weiterzuentwickeln. Dabei dürfen alle Verantwortung übernehmen. Positiv für diesen gemeinsamen Lernprozess ist eine fehlerfreundliche Haltung: Jeder Mensch verfügt über einen blinden Fleck im Auge, an dem auch das sehtüchtigste Auge nichts sieht – was manche als diskriminierend empfinden, muss nicht allen sofort klar sein. Dieser blinde Fleck im Sichtfeld kann in Erscheinung treten, wenn man die eigene Sicht mit dem vergleicht, was andere sehen.

Vor diesem Hintergrund empfiehlt es sich, proaktiv vorzugehen und gemeinsam Standards festzulegen, was bei der Auswahl von Liedern, Büchern und Spielmaterialien beachtet werden sollte. Nicht jedes einzelne Bilderbuch wird alle Aspekte von Vielfalt zeigen können. Der gesamte Bestand an Büchern jedoch sollte allen Kindern die Möglichkeit bieten, sich mit den Hauptfiguren zu identifizieren und Aspekte der eigenen Lebenswelt wiederentdecken zu können. Hierzu kann auf eine Kriterien-Liste (vgl. Baobabbooks o.J.; Institut für den Situationsansatz 2014) zurückgegriffen werden. Weitere Anregungen finden sich auch in manchen Impulsfragen des Index für Inklusion (vgl. Booth/Ainscow/Kingston 2015, z.B. S. 109–111).

2. Materialien sichten – auch mit den Kindern zusammen

Sicherlich gelingt die Umstellung nicht auf einmal. Besser ist es, so vorzugehen, dass sich das Team vornimmt schrittweise, Bereich für Bereich anzuschauen. Man kann gut auch Kinder in die Suche einbeziehen, indem sie z.B. in den Büchern nachschauen, ob die Kinder auf den Bildern verschiedene Hautschattierungen haben, ob sie in verschiedenen Familien leben, so wie die Kinder in der Kita auch – mal mit Mama und Papa, mal mit Mama oder Papa, oder mit zwei Mamas oder Papas. Jedes Kind kann sich auf die Suche machen, ob auf den Bildern Erwachsene abgebildet sind, die so ähnlich gekleidet sind wie ihre eigenen Eltern.

3. Materialien und Anregungen nutzen, die bereits vorliegen

Man findet hilfreiche Materialzusammenstellungen, Buchtipps und Versandadressen, die Anregungen geben oder Materialien (z.B beim Verband binationaler Familien und Partnerschaften iaf e.V. NRW 2005) vorstellen. Ein vielfaltsbewusstes Spiel stellt z.B. „Das Familienspiel" (2010) dar. Dieses zeigt auf Memory-Karten die Vielfalt an Familien – nicht nur im Hinblick auf mögliche Familienkonstellationen, sondern auch durch verschiedenes Aussehen und verschiedene Körperlichkeit. Man kann dies als Gesellschaftsspiel nutzen oder auch als Anlass zum Philosophieren mit Kindern (vgl. hierzu auch Kapitel 2.2), um über Vielfalt ins Gespräch zu kommen.

4. Materialien verändern und weiterentwickeln – auch mit den Kindern zusammen

Lieder können umgedichtet, Geschichten abgewandelt werden – auch wieder unter Einbezug der Kinder selbst, die dabei viele Ideen entwickeln. „Alle Kinder lernen lesen" kann kreativ auf die Namen der Kinder gesungen werden.
Einsprachig deutsche Bilderbücher können mit Hilfe von Eltern als Experten in die Familiensprachen der Kinder übersetzt werden (vgl. Kapitel 2.5). Die Texte werden eingeklebt und mit Folie geschützt. (Werden diese so veränderten Bücher allerdings für den öffentlichen Gebrauch verwendet, ist die Frage des Copyrights mit dem Verlag zu klären). So können die Bilderbücher in verschiedenen Sprachen durch Eltern oder Lesepaten und Lesepatinnen zum Klingen gebracht werden. Auch verschiedene Schriften werden sichtbar. Die Kinder können für Puppen verschiedene Kleidung basteln; Barbiepuppen können mit Hilfe von Knetmasse eine andere Figur bekommen. Der Ideenreichtum von Fachkräften und Kindern kann hier vollauf zur Entfaltung kommen!

Zwischenfazit

Das Bild, das sich Kinder von der sozialen Welt und von sich selbst in dieser Welt machen, wird aus dem aufgebaut, was Kinder im Alltag sehen und entdecken. Die Fachkräfte dienen als Modell. Sie tragen auch die Verantwortung dafür, dass die Medien, die in der Kita vorkommen, achtsam so ausgewählt sind, dass jedes Kind Identifikationsangebote vorfindet, dass Vielfalt gleichwertig dargestellt ist und dass keinerlei Abwertungen erfolgen. Wichtig ist, dass nicht einzelne Fachkräfte in die Rolle geraten, die Verantwortung für die Prüfung und Auswahl von Medien und Spielsachen zu tragen, sondern dass das ganze Team sich gemeinsam dafür zuständig fühlt und an einem Strang zieht. Niemand

sollte für das Singen eines Liedes oder das Vorlesen eines Buches diskreditiert werden. Sinnvoll ist es vielmehr, dass das Team sich regelmäßig gemeinsam mit diesem Thema befasst und dass gemeinsam ausdiskutiert wird, welche Kriterien für eine vielfaltssensible Medienauswahl anzulegen wären.

Gelingt es, dass sich das Team motiviert diesem Thema widmet, wird es sich auf eine spannende Entdeckungsreise begeben und die eigene Einrichtung mit anderen Augen sehen. Es kann durchaus Spaß machen, Diskriminierungen, die offensichtlich oder auch versteckt in Medien und Materialien zu finden sind, mit viel Fantasie entgegenzuwirken. Zusammen mit den Kindern bieten sich dadurch vielfältige und für alle Beteiligten sehr bereichernde Gesprächs- und Bildungsanlässe.

Gesamtzusammenfassung und Zwischenfazit

Im Alltag von Kindertageseinrichtungen zeigt sich kulturelle Vielfalt in sehr unterschiedlichen Situationen: Persönliche Vorstellungen von Normalität, individuelle Gewohnheiten beim Essen, das Erlernen von Sprache(n), ein gemeinsames Nachdenken über existenzielle Themen – dies sind nur einige Beispiele, in denen vielfaltssensibles pädagogisches Handeln zentral für einen konstruktiven und gerechten Umgang mit kultureller Vielfalt ist. Durch die Reflexion konkreter Praxisbeispiele konnten konstruktive Entwicklungsmöglichkeiten aufgezeigt und grundlegende Qualitätsmerkmale für vielfaltssensible Bildungsprozesse identifiziert werden.

Eine vielfalts- und kultursensible Bildung in Kindertageseinrichtungen …

… hinterfragt die eigenen Vorstellungen von Normalität und ist offen für andere Perspektiven.

… fördert das gemeinsame Philosophieren mit Kindern und diskutiert vielfältige Antwortmöglichkeiten auf existenzielle Fragen.

… nimmt Sprachenvielfalt als Chance wahr.

… bedenkt kulturelle Vielfalt unter Gerechtigkeitsaspekten und tritt Rassismus entschieden entgegen.

Kulturelle Vielfalt in der Erziehungs- und Bildungspartnerschaft …

… benötigt die Wahrnehmung unterschiedlicher familiärer Voraussetzungen, Konstellationen und Lebenslagen.

… ist auf der Basis eines dynamischen Kulturverständnisses zu entwickeln: Kulturelle Zuschreibungen sollten vermieden werden, „innerkulturelle Vielfalt" gilt es wahrzunehmen.

… ist bereichernd und konstruktiv für alle Partner, wenn es gelingt, ein Vertrauensverhältnis zu entwickeln. Dies gilt auch für die Zusammenarbeit mit Familien im Asylverfahren, für die es außerdem besonders wichtig ist, dass die Kindertageseinrichtungen über eine gute Vernetzung im Gemeinwesen verfügen.

Eine diskriminierungsfreie Gestaltung des Kita-Alltags …

… nimmt diskriminierende Äußerungen wahr und geht gezielt gegen sie vor, indem sie als Bildungsanlass konstruktiv thematisiert werden.

… ermöglicht allen Kindern vielfältige Bildungserfahrungen, indem kulturelle Vielfalt im Alltag entwickelt und eine Stereotypisierung vermieden wird.

… achtet auf eine sensible Auswahl von Medien durch das gesamte Team: Medien sollen Vielfalt gleichwertig darstellen, Identifikationsangebote für alle Kinder ermöglichen und Abwertungen vermeiden.

Die stetige Entwicklung und Reflexion dieser Qualitätsmerkmale in der Kita-Praxis kann entscheidend zu einem bereichernden und konstruktiven Umgang mit kultureller Vielfalt beitragen: Fachkräfte, Eltern und Kinder können auf diese Weise zunehmend Sensibilität für kulturelle Vielfalt entwickeln und diese in die Einrichtung einbringen. Getragen wird dieser Prozess durch gemeinsame Lernprozesse, die das gegenseitige Vertrauen stärken, Vorurteile abbauen und Kinder in ihrer Entwicklung fördern.

3 Nicht alles auf einmal – Schritte zur Umsetzung einer vielfalts- und kultursensiblen Pädagogik

Manchmal sind Teamgespräche anstrengend und lang. Das mag daran liegen, dass dem Team eine lange Liste mit Organisationsfragen vorliegt, neue Aufgaben hinzukommen und aktuelle Probleme zu lösen sind. Leicht drängt sich da die Frage auf: „Was sollen wir denn noch alles leisten?"

Hier gilt es, sich zunächst klarzumachen, dass die Umsetzung einer vielfalts- und kultursensiblen, gerechtigkeitsorientierten, nicht-diskriminierenden Bildungsarbeit in Kindertageseinrichtungen eine Notwendigkeit darstellt. Wenn pädagogische Fachkräfte in Kitas nicht an diesen Themen arbeiten, werden ihnen, ohne dass dies gewollt wäre, fachliche Fehler unterlaufen, die für Kinder, Eltern oder auch für andere Kolleginnen ein hohes seelisches Verletzungspotential haben. Allein schon, um diese Verletzungen, die durch diskriminierende Strukturen oder Handlungen entstehen können, zu vermeiden, sollte man sich für das Thema stark machen.

Das muss aber nicht bedeuten, dass die Auseinandersetzung mit diesem Thema nicht kreativ und anregend sein darf – Freude an der konstruktiven Annahme kultureller Vielfalt kann sich schnell entwickeln. Vielfalt kann beispielsweise als lang angelegtes Thema aufgenommen werden, das von verschiedenen Fachkräften mit je eigenen Schwerpunkten und Perspektiven gemeinsam entwickelt wird.

In diesem Kapitel geht es darum, welche Haltung Fachkräfte sich in Erinnerung rufen sollten, um erfolgreich eine vielfalts- und kultursensible Pädagogik umzusetzen. Außerdem werden Vorschläge unterbreitet, wie Teamgespräche ganz konkret und praktisch gestaltet werden können, um die Umsetzung voranzubringen. Das Kapitel schließt mit Vorschlägen, wie eine Nachhaltigkeit im Umgang mit kultureller Vielfalt garantiert werden kann.

3.1 Die Arbeit an einer professionellen Haltung

Pädagogischen Fachkräften in Kindertageseinrichtungen ist bewusst, dass sie sich ein ganzes Berufsleben lang mit der eigenen professionellen Haltung auseinandersetzen werden. An dieser Stelle sollen einige Haltungsaspekte, die insgesamt in pädagogischen Prozessen förderlich sind, in ihrer Bedeutung für eine vielfalts- und kultursensible Bildungsarbeit hervorgehoben werden:

- **Fehlerfreundlichkeit praktizieren:** Missverständnisse, falsche Vorannahmen und Fehlinterpretationen lassen sich aus dem pädagogischen Alltag niemals vollständig verbannen. Eine pädagogische Fachkraft, die an ihrer professionellen Haltung arbeitet, bemüht sich darum, Fehler weder zu tabuisieren noch zu dramatisieren. Mit dieser Haltung kann sie Fehler offen eingestehen und genauso offen auch andere auf Problembereiche hinweisen. Außerdem können Fehler einen wichtigen Anstoß zur Weiterentwicklung bieten. Im Blick auf eine vielfalts- und kultursensible pädagogische Arbeit kann man nicht alles im Vorfeld bedenken und auch nicht alles von vornherein „richtig" machen. Eine vielfalts- und kultursensible Arbeit benötigt aktive Aushandlungsprozesse, in denen Fehler konstruktiv wahrgenommen und als Lernpotentiale genutzt werden.
- **Offenheit gegenüber kultureller Vielfalt entfalten:** Jeder Mensch prägt eine kulturelle Lebenspraxis aus. Kultur ist also nicht das, was nur „die anderen" haben. Es gehört zur professionellen Haltung einer pädagogischen Fachkraft, sich ihrer kulturellen Lebenspraxis zunehmend bewusst zu werden. Spannend ist dabei, ein Gefühl für die Flexibilität der eigenen „Landkarten der Bedeutungen" zu bekommen. Es kann Neues in die kulturelle Praxis aufgenommen werden und Altes kann sich verändern. Diese Erfahrung fördert die Offenheit gegenüber kultureller Vielfalt.
- **Weiterentwicklung einer professionellen, an Demokratie und Menschenrechten orientierten Haltung:** Um sich als pädagogische Fachkraft in dieser Hinsicht weiterentwickeln zu können, ist es wichtig, sich „über den Tellerrand" hinaus für Fragen von Gerechtigkeit und Ungerechtigkeit in der Einen Welt zu interessieren. Diese Haltung unterstützt Fachkräfte dabei, dass sie die eigene pädagogische Arbeit in einen größeren Kontext stellen und an Demokratie und Menschenrechten ausrichten. Dies wiederum kann Hilfe sein, sich am eigenen Arbeitsplatz für Gerechtigkeit und gegen Diskriminierung einzusetzen.

- **Kooperieren:** Es gehört zu einer professionellen Haltung von Fachkräften, ausloten zu können, wo das eigene fachliche Können gesteigert werden kann und wo es geraten erscheint, die Kooperation zu suchen. Im Team sollten die Mitglieder auch die Möglichkeit haben, an ihren Stärken weiterzuarbeiten und zu entdecken, dass man sich untereinander gut ergänzen kann. Im Blick auf eine vielfalts- und kultursensible Bildungsarbeit sollte man die Beratung von Kolleg_innen suchen und Teams sollten bewusst und selbstbewusst professionell die Beratung von externen Fachleuten in Anspruch nehmen.
- **Kraftquellen im beruflichen Bereich nutzen und pflegen:** Fachkräfte, die sich auf den Weg begeben, eine vielfalts- und kultursensible Pädagogik umzusetzen, werden zweierlei erleben. Zum einen kann es beglückend sein, zu sehen, dass man vorankommt und Erfolge verbuchen kann. Auf der anderen Seite ist es auch anstrengend, Normalitätsraster oder berufliche Routinen in Frage zu stellen, um sie dann unter vielfalts- und kultursensiblen Aspekten zu verändern. Hier ist eine professionelle Haltung hilfreich, welche den Kraftquellen nachspürt, die in der Arbeit selber liegen. Welcher Aspekt meiner Arbeit macht mir besonders viel Spaß? Wo bekomme ich für beruflichen Einsatz besonders positive Rückmeldungen? Diese beruflichen Kraftquellen bewusst wahrzunehmen, kann eine gute Unterstützung sein, auch mühsame Anforderungen, von deren Notwendigkeit man überzeugt ist, auszuführen. Ferner kann es die Freude am Beruf erhöhen, gerade an diesen beruflichen Kraftquellen anzusetzen, um genau dort Veränderungen im Sinne einer vielfalts- und kultursensiblen Pädagogik vorzunehmen.

3.2 Teamgespräche zur Umsetzung nutzen

Teamgespräche sind ein zentraler Dreh- und Angelpunkt, wenn es darum gehen soll, eine vielfalts- und kultursensible Pädagogik im Alltag einer Kita zu verankern. Diese Handreichung soll eine Unterstützung sein, um Teamgespräche zum Thema vorzubereiten und durchzuführen. Von vielen Möglichkeiten, die das Buch bietet, sollen hier zwei Versionen eines Teamgesprächs zum Thema vorgestellt werden. Der dabei herangezogene Ablaufplan eines Teamgesprächs befindet sich im Anhang.

I. Mit den Praxisbeispielen in diesem Buch arbeiten:

Anfangen: Für eine Teambesprechung kann man sich ein Praxisbeispiel aus dem Buch vornehmen. Zu Beginn sollte eine Einführung in das Thema stehen, die sich auf die theoretischen Grundlagen in diesem Buch (vgl. Kapitel 1) bezieht. Man sollte für die Teambesprechung zum Thema nicht zu umfangreiche Zeiteinheiten festlegen. So wird es leichter möglich, über das Kita-Jahr verteilt, öfter eine Einheit einzuplanen. In der Sitzung zuvor kann schon ein Moderator/eine Moderatorin bestimmt werden. Moderator oder Moderatorin achtet darauf, dass alle zu Wort kommen können, dass Moderationskarten bereitliegen und dass die festgelegte Zeit eingehalten wird.

Diskussion: Zunächst könnte das Praxisbeispiel vorgelesen werden. Es ist sicherlich hilfreich, wenn auch der Text allen vorliegt. Daran kann sich eine Diskussion anschließen. Dies ist leicht möglich, denn in den Praxisbeispielen im Buch werden ja ganz bewusst immer Konfliktsituationen geschildert, die ganz unterschiedlich gedeutet werden können. In der Diskussion sollte es jedoch weniger um das Mitteilen fester Standpunkte gehen. Vielmehr ist hier eine fragende, tastende Gesprächshaltung besonders förderlich. Am Anfang könnte der Versuch stehen, sich in die Personen aus der Praxisgeschichte einzufühlen. Im Team könnte man sich austauschen über die Frage: Wie handeln die Personen im Praxisbeispiel und was fühlen sie? Auch: Was hilft mir, das Fühlen und Handeln der Personen ein Stück weit zu verstehen? Dann kann man miteinander besprechen, wie man als Fachkraft in einer ähnlichen Situation vielleicht schon gehandelt hat oder handeln würde. In dieser Phase des Gesprächs geht es nicht um „richtig“ und „falsch“, sondern um die Vielfalt der Perspektiven, die im Team vorhanden sind. Wichtige Gedanken werden in Stichworten auf Karten notiert und in die Mitte gelegt. Wenn Stichworte einander widersprechen, werden sie nebeneinander gelegt und dürfen in dieser inhaltlichen Spannung zueinander bestehen.

Reflexion: In einem zweiten Schritt können Zweiergruppen gebildet werden, die jeweils die *Reflexion des Praxisbeispiels* zu zweit miteinander lesen und besprechen. Hier können zwei Fragen hilfreich sein: 1. Welche Ideen im Text sind mir bereits vertraut? 2. Welche Ideen im Text sind für mich neu?

Abschluss: Im Plenum stellt jede Kleingruppe ihre Gedanken zur *Reflexion des Praxisbeispiels* vor. Die Karten in der Mitte können durch weitere ergänzt werden. Mit einer Blitzlicht-Runde kann die Besprechung ihren Abschluss finden. Reihum kann jedes Teammitglied auf freiwilliger Basis zur Frage „Was nehme ich aus dieser Teambesprechung mit in den Kita-Alltag?“ in einem Satz den Ertrag der Teamsitzung für sich auf den Punkt

bringen. Die Kartensammlung kann fotografiert und als Anhang zum Protokoll an alle Teammitglieder verteilt werden.

Ziel: Bei diesem Vorgehen steht noch nicht die konkrete Veränderung in der Kita im Vordergrund. Vielmehr geht es zunächst darum, sich mit dem Thema einer vielfalts- und kultursensiblen Pädagogik vertrauter zu machen und eine gute Basis zu legen für Veränderungen. Wichtig ist, die Vielfalt im Team zu verdeutlichen. Die unterschiedlichen Sichtweisen der Fachkräfte dürfen zum Ausdruck kommen. Sie dürfen nebeneinander bestehen. Eingeübt werden kann eine professionelle Haltung der Multiperspektivität auf Situationen der Praxis in Kitas. Wenn man ein Praxisbeispiel allein analysiert, kann sich leicht ein Tunnelblick einstellen. Man sieht die Situation allein aus der eigenen Perspektive. Wenn es in Teambesprechungen zunehmend gelingt, eine Situation aus mehreren Perspektiven, also multiperspektivisch, zu beleuchten, dann ist die Chance groß, den verengten Blick zu weiten und somit auch mehr Handlungsoptionen zu erhalten.

Weiterführung: Über die Praxisbeispiele im Buch hinaus können dann im Team nach derselben Gesprächsmethode auch eigene Praxisbeispiele aus dem Kita-Alltag eingebracht werden. In diesen eigenen Praxisbeispielen geht es um Irritationen oder Konfliktsituationen, in denen Vielfalt eine Rolle spielt. Das Vorgehen im Teamgespräch wird dann dahingehend modifiziert, dass in den Zweiergruppen die Reflexion zum Praxisbeispiel ohne Textvorgabe durchgeführt wird. Wichtig ist hier die Grundhaltung, dass bei der Reflexion keine der im Praxisbeispiel handelnden Personen zum „Problemfall" abgestempelt wird. Es geht um eine *Konfliktsituation*, die sich *zwischen Menschen* abspielt, und nicht um „konflikthafte Menschen". Im anschließenden Plenum wird noch ein Zwischenschritt vor der Blitzlicht-Runde eingeführt: Hier geht es darum, gemeinsam zu überlegen, was der erste Schritt zur Veränderung der zuvor geschilderten Situation sein könnte. Hier sollte zusätzlich im Protokoll festgehalten werden, welche Personen diesen ersten Schritt zur Veränderung konkret in die Hand nehmen und von vorläufigen Ergebnissen in der nächsten Teamsitzung berichten.

II. Mit den Entwicklungsmöglichkeiten für die Praxis in diesem Buch arbeiten:

In diesem Buch stehen die Praxisbeispiele stets in einem thematischen Kontext. Die Überschriften in Kapitel 2 weisen darauf hin. In den großen Themenblöcken geht es darum, Vielfaltssensibilität zu entwickeln, kulturelle Vielfalt in der Erziehungs- und Bildungspartnerschaft mit Eltern zum Thema zu machen und darum, den Alltag unter Vielfaltsaspekten diskriminierungsfrei zu gestalten. Die einzelnen Qualitätsmerkmale beleuchten jeweils einen wichtigen Aspekt aus dem übergreifenden Themenblock.

In Teambesprechungen kann man sich diese Qualitätsmerkmale einzeln in einer Teambesprechung vornehmen. Hier empfiehlt sich folgendes Vorgehen:

Anfangen: Wiederum sollten über das Kita-Jahr verteilte, nicht zu ausgedehnte Teambesprechungen zum Thema eingeplant werden. In der Sitzung zuvor kann der Moderator/die Moderatorin bestimmt und mit denselben Aufgaben, wie oben beschrieben, betraut werden.

Diskussion: Die Zeit für die Diskussion sollte hier etwas kürzer gehalten werden, damit genug Zeit für die Reflexion und das anschließende Plenum bleibt. Als Gesprächsimpuls kann die Überschrift des jeweiligen Qualitätsmerkmals verlesen werden, in Verbindung mit dem jeweiligen Motto des Orientierungsplans. Qualitätsmerkmal und Motto beziehen sich aufeinander und erheben einen Anspruch an die professionelle Arbeit in Kitas. Man kann sich in der Diskussion von den Fragen leiten lassen: Wie interpretieren wir die Anforderung? Wiederum (s.o.) gilt: Auch in dieser Phase des Gesprächs geht es nicht um „richtig" und „falsch", sondern um die Vielfalt der Perspektiven, die im Team vorhanden sind. Wieder werden Stichworte mit Karten festgehalten und gegliedert (s.o.).

Reflexion: Nun geht es darum, die zum Qualitätsmerkmal gehörenden „Entwicklungsmöglichkeiten für die Praxis“ zu bearbeiten. Hierfür teilen sich die Zweiergruppen die Lektüre untereinander auf. Jedes Tandem sollte einen Aspekt aus dem Kapitel wählen, lesen und bearbeiten. Hier können wiederum diese zwei Fragen hilfreich sein: 1. Welche Ideen im Text sind mir bereits vertraut, was davon praktizieren wir bereits? 2. Welche Ideen im Text sind für mich neu?
Abschluss: Im Plenum stellt jede Kleingruppe ihre Gedanken zur Entwicklungsmöglichkeit vor. Die Karten in der Mitte können durch weitere ergänzt werden. Am Ende der Besprechung steht wieder die Blitzlichtrunde mit ihren Fragen (s.o.)
Ziel: Auch bei diesem Vorgehen steht noch nicht die konkrete Veränderung in der Kita im Vordergrund, sondern es geht darum, sich mit dem Thema vertrauter zu machen und die Basis für konstruktive Entwicklungsmöglichkeiten zu verbreitern. Diese Methode dient der Einübung in eine professionelle Haltung der Multiperspektivität und schärft den Blick darauf, einschätzen zu können, wie vielfalts- und kultursensibel in der Praxis der Kita tatsächlich gearbeitet wird – und wie kreativ und konstruktiv Entwicklungsmöglichkeiten aussehen können.
Weiterführung: Aus den vorangegangenen Teamgesprächen werden sich Ideen herauskristallisieren, welche Veränderungen das Team in der Kindertageseinrichtung gern umsetzen wollte. Hier empfiehlt es sich, einen *Themenpool* anzulegen. Das kann ein Flipchartpapier im Büro der Leitung sein oder ein gesondertes Dokument auf dem Dienst-PC. In diesem Themenpool werden alle Veränderungswünsche und -ideen der Teammitglieder festgehalten. So kann er eine Grundlage für die nächste Teambespre-

chung darstellen. Somit könnte man in eine Diskussion über diese Frage einsteigen: Mit welchem Thema aus dem Themenpool möchte ich konkret beginnen? Wo habe ich Lust und Energie, mich zu engagieren? Welches Thema aus dem Themenpool ist für die Kinder zurzeit besonders wichtig? Welches Thema aus dem Themenpool ist für die Eltern besonders wichtig? Wiederum können Karten eingesetzt werden, um ein Stimmungsbild zu erhalten. Falls noch neue Ideen und Themen hinzukommen, können diese in den Themenpool eingefügt werden. Kein Thema und keine Idee soll ignoriert werden. Langfristig können alle Themen auf diese Weise bearbeitet werden. Insofern kann an dieser Stelle eine Abstimmung erfolgen und das Thema mit den meisten Zustimmungspunkten wird in dieser Teamsitzung weiterbearbeitet. In den Zweiergruppen kann die Reflexion anhand dieser Frage durchgeführt werden: Wie könnte in dem Bereich, den ich als pädagogische Fachkraft in dieser Kita verantworte, eine Veränderung in Richtung auf eine vielfalts- und kultursensible Bildungsarbeit konkret umgesetzt werden? Im anschließenden Plenum wird gemeinsam überlegt, was der erste Schritt zur Veränderung sein könnte. Hier sollte zusätzlich im Protokoll festgehalten werden, welche Personen diesen ersten Schritt zur Veränderung konkret in die Hand nehmen. An dieser Stelle sollte darauf geachtet werden, dass sich alle Teammitglieder angesprochen fühlen und sich bereitfinden, hier einen Beitrag zu leisten. Wiederum könnte man festlegen, dass fortlaufend in den nächsten Teamsitzungen über Ergebnisse berichtet wird. Als Abschluss kann wieder eine Blitzlichtrunde stattfinden (s.o.).

3.3 Für Nachhaltigkeit sorgen

Teamgespräche langfristig planen: Anspruchsvolle pädagogische Themen, die nachhaltige Veränderungen als Zielsetzung haben, können nicht sinnvoll und kreativ als schneller „Zusatz" von zwei, drei Teamsitzungen behandelt werden. Nur wenn es im Team gelingt, das große Thema einer vielfalts- und kultursensiblen Pädagogik nachhaltig voranzubringen, wird man Erfolge sehen, die dann wieder dazu motivieren, weiterzumachen. Insofern ist es empfehlenswert, Teamgespräche zum Thema frühzeitig zu planen. In den Teamgesprächen sollte man, wie es unter 4.2. skizziert wurde, methodisch vorgehen. Beharrlichkeit im Umgang mit dem Thema ist auch eine Leitungsfrage.

Längerfristige Fortbildungsplanung: Ebenso empfiehlt sich eine frühzeitige Planung von Fortbildungen. Die meisten Träger verfügen üblicherweise über ein Kontingent, das sie alljährlich für Fortbildungen zur Verfügung stellen. Hier kann die Einrichtungsleitung gemeinsam mit dem Team überlegen, welche Fortbildungen zum Thema für die Ein-

richtung förderlich wären – ein Blick auf den Themenpool kann helfen. Auch ist es eine Überlegung wert, ob man nicht auch Fortbildungskontingente von Mitarbeiter_innen zusammenlegen könnte, um In-House-Schulungen durchführen zu können. Der Vorteil im Sinne der Nachhaltigkeit dieses Vorgehens liegt darin begründet, dass gezielt an den Themen gearbeitet werden kann, die im Team als besonders wichtig identifiziert wurden. Außerdem kann in diese Fortbildungsform ein Coaching direkt in der Praxis erfolgen.

Ein partizipatives Vorgehen wählen: Es empfiehlt sich, sowohl die Eltern als auch die Kinder kontinuierlich in die Veränderungsprozesse miteinzubeziehen. Eltern können über Elternabende, aber auch über Elternprojekte einbezogen werden. Man kann sie einladen und auch dabei unterstützen, selbst zum Thema aktiv zu werden. Auch in die Einzelgespräche mit Eltern zu den Portfolios oder den Bildungs- und Lerngeschichten ihres Kindes können Informationen zum Thema einfließen. Die Kinder können am Thema ausdrücklich über Kinderkonferenzen und über das gemeinsame Philosophieren partizipieren und erfahren indirekt über einen veränderten pädagogischen Umgang, was eine vielfalts- und kultursensible Pädagogik im Alltag der Kita Positives bewirken kann.

Vernetzung stärken: Eine vielfalts- und kultursensible Pädagogik in der Kindertageseinrichtung weiterzuentwickeln, ist ohne Unterstützung von außen nicht denkbar. Die Liste möglicher Unterstützer_innen ist lang und reicht vom guten Draht zum Träger, über förderliche Beziehungen zum Jugend- und zum Sozialamt, zu Beratungsstellen, bis hin zum positiven Kontakt zu Ärzt_innen, Therapeut_innen, zu Vereinen und zu Ehrenamtlichen. Wichtig ist, dieses Netzwerk unter dem Aspekt einer vielfalts- und kultursensiblen Pädagogik zu analysieren und gegebenenfalls zu ergänzen.

Kleine Schritte und das „Große Ganze“: Gerade wenn man das Ziel in Kindertageseinrichtungen verfolgt, eine vielfalts- und kultursensible, gerechtigkeitsorientierte, nicht-diskriminierende Bildungsarbeit voranzutreiben, wünscht man, dass Fortschritte schnell erzielt werden. Diese Fortschritte werden sich aber nicht als nachhaltig erweisen, wenn sie ausschließlich „von oben“ angeordnet werden. Es ist wichtig, die Vielfalt im Team anzuerkennen. Die Einstiegsmotivation wird realistischerweise unterschiedlich sein, ebenso das Durchhaltevermögen. Der Träger wird mehr oder weniger hinter den Veränderungswünschen im Team stehen. Es wird mehr oder weniger Unterstützungsbereitschaft innerhalb der Vernetzungsstruktur geben. Realistisch ist, sich von vornherein auf diese Schwankungen einzustellen. Hierzu sollte man eher ein kleinschrittiges Vorgehen wählen. Wichtig ist dabei jedoch, dass jeder kleine Schritt zu einer langfristig angelegten Planung passt.

Zusammenfassung und Zwischenfazit

Keine Frage: Professionalität braucht Haltung. Nicht immer jedoch ist ganz klar, was damit in der Frühpädagogik genau gemeint ist. Manchmal scheint „Haltung“ auch eine Sammelbox für Ungeklärtes und Unerledigtes zu sein. In Bezug auf unser Thema sollte allerdings klar geworden sein, worum es geht: Gefordert ist eine Haltung der Fehlerfreundlichkeit, der Offenheit gegenüber kultureller Vielfalt, ferner die Bereitschaft sich für Demokratie und Menschenrechte einzusetzen, Kooperationsfähigkeit und eine Haltung, die sich langfristig den Spaß an der Arbeit nicht nehmen lässt. Diese professionelle Haltung kann sich am besten entfalten in einer Einrichtung, in der die Kolleg_innen eine ähnliche Richtung anstreben. Hier ist die Teambesprechung das entscheidende Instrument für die Umsetzung einer vielfalts- und kultursensiblen Bildungsarbeit. Im Team kann man sich miteinander austauschen, voneinander lernen, miteinander streiten, sich einigen, sich anspornen und inspirieren lassen. Dies gelingt jedoch nur, wenn die Teamgespräche gut geplant und angeleitet sind. Ein Team, das sich auf den Weg zur Weiterentwicklung der Kita im Sinne einer vielfalts- und kultursensiblen Pädagogik macht, benötigt einen langen Atem. Im Sinne einer Nachhaltigkeit empfiehlt es sich, die Teamgesprächstermine zum Thema langfristig festzulegen, für eine mehrere Jahre umfassende Fortbildungsplanung eventuell mit In-House-Schulung zu sorgen, ein partizipatives Vorgehen zu wählen, die Vernetzung der Einrichtung im Gemeinwesen zu stärken und vor allen Dingen: jeden kleinen Schritt in den Rahmen einer umfassenden Planung zu stellen.

4 Fazit

Die Diskussion von theoretischen Grundlagen (Kapitel 1), die Reflexion von Praxisbeispielen, die Entwicklung von Qualitätsmerkmalen (Kapitel 2) und die diskutierten Schritte zur Umsetzung einer vielfalts- und kultursensiblen Pädagogik (Kapitel 3) in dieser Handreichung zeigen: Kulturelle Vielfalt stellt hohe Ansprüche an alle Beteiligten der Erziehungs- und Bildungspartnerschaft in Kindertageseinrichtungen. Kulturelle Vielfalt zeigt sich in verschiedensten Momenten, Beziehungen, Dimensionen und Situationen, die daraus resultierenden Anforderungen kennen Fachkräfte aus der täglichen Arbeit in Kindertageseinrichtungen.
Die individuelle Reflexion von Normalitätsvorstellungen, die gemeinschaftliche Diskussion konkreter Situationen im Team, die nachhaltige Gestaltung einer vielfaltssensiblen Umgebung, die konstruktive Zusammenarbeit mit Eltern, die Wahrnehmung unterschiedlicher familiärer Lebenslagen, das aktive Vorgehen gegen Diskriminierungen und eine konsequente Ausrichtung aller Bildungsprozesse an Demokratie und Menschenrechten sind nur einige dieser Anforderungen.
Gleichzeitig wird aber auch klar, dass durch Interesse, Aufmerksamkeit, Kooperationsbereitschaft und eine professionelle pädagogische Haltung eine konstruktive Basis für die Annahme kultureller Vielfalt entstehen kann. Diese Basis ist in Kindertageseinrichtungen teilweise schon vorhanden. Sowohl die pädagogischen Fachkräfte als auch die Eltern können darauf weiter aufbauen: Sie können die Situation in ihrer Kindertageseinrichtung am besten einschätzen und durch die aktive Auseinandersetzung mit kultureller Vielfalt – beispielsweise durch diese Handreichung – noch sensibler, konstruktiver und auch gerechter gestalten. Diese Gestaltung kann Freude bereiten, weil ihr Ziel ein kreativer, reflektierter und aktiver Umgang mit kultureller Vielfalt ist – davon profitieren alle Beteiligten.

Jedes Kind ist einzigartig, jede Familienkonstellation ist einzigartig, jede Fachkraft ist einzigartig und jede Kita ist einzigartig – dadurch entstehen zahlreiche Situationen, die eine vielfalts- und kultursensible Pädagogik benötigen, um konstruktiv gestaltet werden zu

können. Wenn sich alle Lernenden – und dazu gehören Kinder, Eltern und Fachkräfte – in der Lern- und Lebenswelt Kindertageseinrichtung umfassend auf Diversität einlassen, kann sich Bildung nachhaltig entwickeln. Dies geschieht in einer kulturell vielfältigen Gemeinschaft, die ganz unterschiedliche Lernimpulse anbieten kann und die Lernenden immer wieder mit Unbekanntem oder gar Unverständlichem konfrontiert. Nach Humboldt finden sich gerade im Unbekannten Lernpotentiale, die dazu motivieren können, mehr über die Welt in Erfahrung zu bringen. Dadurch können sich neue Perspektiven entwickeln und eigene Positionen in einem neuen Licht wahrgenommen werden. So können Lernende sich weiterentwickeln und in diesem Prozess auch andere neue Lernpotentiale eröffnen.

So betrachtet kann eine vielfalts- und kultursensible Pädagogik zu positiven Erfahrungen für alle Beteiligten in der Kita führen und Bildung kann dann in der Tat Glückserfahrungen ermöglichen – ganz im Sinne der Bildungsidee Humboldts (vgl. 1.1.).

Damit dies gelingt, ist es unerlässlich, sich mit eigenen und anderen Positionen und Vorstellungen aktiv auseinanderzusetzen: Das Thema „Kulturelle Vielfalt" ist in verschiedensten Bereichen von Kindertageseinrichtungen relevant und somit in allen „Systemen" der Kita zu beachten – dabei spricht man von einer „systemischen Sichtweise": Träger, Leitung, Fachkräfte, Eltern, Sozialraum und natürlich ganz besonders Kinder sind vor dem Hintergrund von Bildungsangeboten, Materialien, konkreten Problemstellungen und vielen weiteren Momenten zu betrachten. Dies sollte man alles im Blick haben – es muss aber nicht alles auf einmal angegangen werden (Kapitel 3). Schritt für Schritt können – im Kleinen und im Großen – Fehler erkannt, Vorstellungen überprüft und Strukturen geändert werden. Dieser Weg benötigt eine umfassende Planung, die konstruktive Zusammenarbeit im Team und die intensive Kommunikation mit allen Kooperationspartnern – ein fehlerfreundliches Klima, die Bereitschaft eigene Vorstellungen zu hinterfragen und natürlich Geduld gehören auch dazu.

Die vorliegende Handreichung zur Annahme und Gestaltung kultureller Vielfalt in Kindertageseinrichtungen ist als Motivation und Unterstützung für diesen Weg gedacht:

- Grundlegende theoretische Aspekte (Kapitel 1) sollen die alltägliche Arbeit unterstützen und zur Reflexion eigener Positionen anregen.
- Beispiele aus der Praxis und deren Reflexion (Kapitel 2) sollen zur Diskussion motivieren.
- Qualitätsmerkmale (Kapitel 2) sollen als „Werkzeuge" für den Umgang mit kultureller Vielfalt dienen und Grundlage für kreative Lösungsmöglichkeiten sein.
- Schritte zur Umsetzung einer vielfalts- und kultursensiblen Bildung (Kapitel 3) sollen eigene Stärken aufzeigen und bei der Planung von Veränderungen helfen.

Individualität, Einzigartigkeit, Begegnung und Gemeinschaft – kulturelle Vielfalt in der Kindertageseinrichtung bietet Lernpotentiale für alle Beteiligten und sollte als Chance erkannt und entwickelt werden. Ausgangspunkt und Ziel sind die Erfahrungen, Vorstellungen, Fragen und Interpretationen der Kinder. Sich auf ihre Vielfalt einzulassen ist ein lohnenswertes Unterfangen. Sich mit ihrer Vielfalt konstruktiv und sensibel auseinanderzusetzen bietet nachhaltige Bildungschancen für alle.

Literaturverzeichnis

Albers, T. (2009): Sprache und Interaktion im Kindergarten. Eine quantitativ-qualitative Analyse der sprachlichen und kommunikativen Kompetenzen von drei- bis sechsjährigen Kindern. Bad Heilbrunn: Klinkhardt Verlag.

Altan, M./Foitzik, A./Goltz, Jutta (2009): Eine Frage der Haltung – Eltern(bildungs)arbeit in der Migrationsgesellschaft. Eine praxisorientierte Reflexionshilfe. Stuttgart: Aktion Jugendschutz.

Arndt, S. (2012): Die 101 wichtigsten Fragen: Rassismus. München: Verlag C. H. Beck.

Auernheimer, G. (2008): Interkulturelle Kommunikation, mehrdimensional betrachtet, mit Konsequenzen für das Verständnis von interkultureller Kompetenz. In: G. Auernheimer (Hrsg.), Interkulturelle Kompetenz und pädagogische Professionalität. 2. Aufl. Wiesbaden: Verlag für Sozialwissenschaften, S. 35–65.

Ausdale, D. V./Feagin, J. R. (2001): The First R. How Children Learn Race and Racism. Plymouth: Rowman & Littelefield Publishers.

Balibar, E. (2014): Gibt es einen Neo-Rassismus? In: E. Balibar/I. Wallerstein (Hrsg.), Rasse, Klasse, Nation: Ambivalente Identitäten. Hamburg: Argument Classics.

Baobabbooks (o.J.): Kolibri. Das Empfehlungsverzeichnis. URL: http://www.baobabbooks.ch/de/kolibri/ [letzter Zugriff: 17.09.2015].

Bielefeld, H. (2007): Menschenrechte in der Einwanderungsgesellschaft. Plädoyer für einen aufgeklärten Multikulturalismus. Bielefeld: Transcript.

Booth, T./Ainscow, M./Kingston, D. (2015): Index für Inklusion. (Tageseinrichtungen für Kinder). Spiel, Lernen und Partizipation in der inklusiven Kindertageseinrichtung entwickeln. Deutschsprachige Ausgabe. 5. Aufl. Frankfurt am Main: Gewerkschaft Erziehung und Wissenschaft (GEW).

Bowles, M. (2004): The Little Book of Persona Dolls. Using dolls to help children understand the view and feelings of others. Leicestershire: Little Books with BIG ideas.

Brown, B. (2001): Combating discrimination. Persona Dolls in action. Oakhill/Staffordshire: Trentham Books.

Bruhns, K. (2013): Lebenslagen und Lebenswelten von Kindern mit Migrationshintergrund – ein Resümee. In: M. Cinar/K. Otremba/M. Stürzer/K. Bruhns (Hrsg.), Kinder-Migrationsreport. Ein Daten- und Forschungsüberblick zu Lebenslagen und Lebenswelten von Kindern mit Migrationshintergrund. München: Deutsches Jugendinstitut, S. 288–306.

Buchstart (o.J.): Kinderreime international. URL: http://www.buchstart-hamburg.de/zuhause-kinderreime-international.php [letzter Zugriff: 17.09.2015].

Budick, A. (2015): Die Vorurteilsbewusste Erziehung als rassismuskritische Arbeit unter den Gesichtspunkten der Kritischen Weißseinsforschung. In: Beiträge aus der sozialpädagogischen Ausbildung 6/2015, S. 3–23.

Cavalli-Sforza, L./Cavalli-Sforza, F. (1996): Verschieden und doch gleich. Ein Genetiker entzieht dem Rassismus die Grundlage. München: Droemer Knauer.

Clarke, J./Cohen, P./Corrigan, P./Garber, J./Hall, S./Hebdige, D./Jefferson, T./McCron, R./McRobbie, A./Murdock, G./Parker, H./Roberts, B. (1981): Jugendkultur als Widerstand. Milieus, Rituale, Provokationen. 2. Aufl. Frankfurt am Main: Syndikat.

Das Familienspiel (2010): Alle Familien sind gleich – jede Familie ist besonders. Kiliansroda: Das Netz.

Derman-Sparks, L. (2013): Anti-Bias-Education for everyone: Vorurteilsbewusste Bildung und Erziehung für alle. In: P. Wagner (Hrsg.), Handbuch Kinderwelten. Vielfalt als Chance – Grundlagen einer vorurteilsbewussten Bildung und Erziehung. Freiburg im Breisgau: Herder, S. 279–294.

Derman-Sparks, L./Ramsey, P. G. (2011): What If All the Kids Are White? Anti-Bias Multicultural Education with Young Children and Families. 2. Aufl. New York: Teachers College Press.

Deutsche UNESCO-Kommission e.V. (2015): Weltbildungsbericht der UNESCO. URL: http://www.unesco.de/bildung/weltbildungsbericht.html [letzter Zugriff: 17.09.2015].

Deutscher Bundestag (1996): 13. Wahlperiode. Antwort der Bundesregierung. Drucksache 13/5876. Kindergartenplätze für Asylbewerber. Bonn: Bundesanzeiger Verlagsgesellschaft.

Deutsches Komitee für UNICEF (2014): In erster Linie Kinder. Flüchtlingskinder in Deutschland. URL: http://www.unicef.de/blob/56282/fa13c2eefcd41dfca5d89d44c72e72e3/fluechtlingskinder-in-deutschland-unicef-studie-2014-data.pdf [letzter Zugriff: 17.09.2015].

Dornes, M. (2001): Der kompetente Säugling: Die präverbale Entwicklung des Menschen. Frankfurt am Main: Fischer Taschenbuch.

Fraser, N. (1997): Die halbierte Gerechtigkeit. Frankfurt am Main: Suhrkamp.

Fried, L./Büttner, G. (Hrsg.) (2004): Weltwissen von Kindern: Zum Forschungsstand über die Aneignung sozialen Wissens bei Krippen- und Kindergartenkindern. Weinheim: Beltz Juventa.

Geiling, H./Gardemin, D./Meise, S./König, A. (2011): Migration – Teilhabe – Milieus. Spätaussiedler und türkeistämmige Deutsche im sozialen Raum. Wiesbaden: Verlag für Sozialwissenschaften.

Gogolin, I./Lange, I. (2011): Bildungssprache und Durchgängige Sprachbildung. In: S. Fürstenau/M. Gomolla (Hrsg.), Migration und schulischer Wandel: Mehrsprachigkeit. Wiesbaden: Verlag für Sozialwissenschaften, S. 129–151.

Gutknecht, D. (2002): Bildung in der Kinderkrippe. Wege zur professionellen Responsivität. Stuttgart: Kohlhammer.

Habermas, J. (1998): Zur Legitimation durch Menschenrechte. In: J. Habermas (Hrsg.), Die postnationale Konstellation. Politische Essays. Frankfurt am Main: Suhrkamp, S. 91-169.

Hamburger, F. (2009): Abschied von der Interkulturellen Pädagogik. Plädoyer für einen Wandel sozialpädagogischer Konzepte. Weinheim: Juventa.

Hansen, R./Knauer, R./Sturzenhecker, B. (2011): Partizipation in Kindertageseinrichtungen. So gelingt Demokratiebildung. Bonn: Bundeszentrale für politische Bildung (bpb).

Herder, J. G. (1967): Auch eine Philosophie der Geschichte der Bildung der Menschheit. Frankfurt am Main: Suhrkamp.

Hochschulnetzwerk Bildung und Erziehung in der Kindheit Baden-Württemberg (2011): Rahmencurriculum BA Frühe Bildung Baden-Württemberg. Freiburg im Breisgau: FEL.

Humboldt, W. v. (1903): Werke I, 1785–1795. Berlin: de Gruyter, S. 282–285.

Hund, W. D. (2007): Rassismus. Bielefeld: Transcript.

Huntington, S. P. (1996): Kampf der Kulturen. Die Neugestaltung der Weltpolitik im 21. Jahrhundert. München: Europaverlag.

Institut für den Situationsansatz (2014): Kriterien für die Auswahl von Kinderbüchern, die eine vorurteilsbewusste und inklusive Bildung unterstützen. URL: http://www.situationsansatz.de/files/texte%20ista/fachstelle%20kinderwelten/kiwe%20pdf/Kriterien%20buecherauswahl.pdf [letzter Zugriff: 17.09.2015].
Institut für den Situationsansatz (o.J.): Vorurteilsbewusste Bildung und Erziehung. Einführung in Ziele und Prinzipien. URL: http://www.situationsansatz.de/files/texte%20ista/fachstelle%20kinderwelten/kiwe%20pdf/Ziele_und_Prinzipien_VBUE.pdf [letzter Zugriff: 17.09.2015].
Jana, I. (2013): „Eskimo". In: A. Nduka-Agwu/A. Lann Hornscheidt (Hrsg.): Rassismus auf gut Deutsch. Ein kritisches Nachschlagewerk zu rassistischen Sprachhandlungen. Frankfurt am Main: Brandes und Apsel, S. 115–121.
Jeuk, S. (2003): Erste Schritte in die Zweitsprache Deutsch. Eine empirische Untersuchung zum Zweitspracherwerb türkischer Migrantenkinder in Kindertageseinrichtungen. Freiburg im Breisgau: Fillibach.
Klafki, W. (2007): Neue Studien zur Bildungstheorie und Didaktik. Zeitgemäße Allgemeinbildung und kritisch-konstruktive Didaktik. 6. Aufl. Weinheim: Beltz.
Knoblauch, C. (2013): Die Entwicklung kindlicher Wertvorstellungen im interkulturellen und interreligiösen Erziehungs- und Bildungsumfeld Kindertagesstätte. In: B. Feininger/H. Riedl/R. Wunderlich (Hrsg.), Erwerbt euch Weisheit ... (Sir 51,25). Weisheit im Spiegel theologischer und pädagogischer Wissenschaft. Festschrift für Bernd Feininger. Frankfurt am Main: Peter Lang, S. 383–395.
Köhnen, M./Roth, H. (2007): So können wir uns besser verständigen: Gebärden als Hilfe zum Spracherwerb und zur Förderung der Kommunikationsfähigkeit bei nichtsprechenden Kindern. Dortmund: modernes lernen.
Koller, C. (2009): Rassismus. Paderborn: Schöningh (UTB).
Kölsch-Bunzen, N. (2013): Bildung ins Spiel bringen: Das Ratingverfahren IPK U3 zur Einschätzung der Interaktionsqualität zwischen einer pädagogischen Fachkraft und einem Kind in einer dyadisch strukturierten Spielsituation. Berlin: dohrmannVerlag.berlin.
Komor, A./Reich, H. H. (2008): Semantische Basisqualifikation. In: K. Ehlich/U. Bredel/H. H. Reich (Hrsg.), Referenzrahmen zur altersspezifischen Sprachaneignung. Bonn: Bundesministerium für Bildung und Forschung (BMBF), S. 49–61.
Krüger-Potratz, M. (2005): Interkulturelle Bildung. Eine Einführung. Münster: Waxmann.
Kultusministerium: siehe Ministerium für Kultus, Jugend und Sport Baden-Württemberg
Liegle, L. (2006): Bildung und Erziehung in früher Kindheit. Stuttgart: Kohlhammer.
Mac Naughton, G. M. (2006): Respect for diversity. An international overview. Melbourne: Bernard van Leer Foundation. URL: http://www.bernardvanleer.org/Respect_for_diversity_An_international_overview [letzter Zugriff: 17.09.2015].
Mamas Truhe (o.V.) (o.J.): Eine kleine Sammlung von Volksliedern und Kinderliedern in deutsch und englisch. URL: http://www.mamas-truhe.de/lieder/alle-kinder-lernen-lesen.html [letzter Zugriff: 17.09.2015].
Martiny, S. E./Götz, T. (2011): Stereotype Threat in Lern- und Leistungssituationen: Theoretische Ansätze, empirische Befunde und praktische Implikationen. In: M. Dresel/L. Lämmmle (Hrsg.), Motivation, Selbstregulation und Leistungsexzellenz. Münster: LIT, S. 153–177.
Mecheril, P. (2004): Einführung in die Migrationspädagogik. Weinheim: Beltz.

Mecheril, P./do Mar Castro Varela, M./Dirim, I./Kalpaka, A./Melter, C. (2010): Migrationspädagogik. Weinheim: Beltz.

Merkle, T. (2009): Migranten-Milieus in Deutschland. Ergebnisse aktueller Studien von Sinus Sociovision. In: Frühe Kindheit 05/2009, S. 6–13.

Ministerium für Kultus, Jugend und Sport Baden-Württemberg (2015): Orientierungsplan für Bildung und Erziehung in baden-württembergischen Kindergärten und weiteren Kindertageseinrichtungen. 2. Aufl. Freiburg im Breisgau: Herder.

Nduka-Agwu, A. (2013): „Indianer_in". In: A. Nduka-Agwu/A. Lann Hornscheidt (Hrsg.), Rassismus auf gut Deutsch. Ein kritisches Nachschlagewerk zu rassistischen Sprachhandlungen. Frankfurt am Main: Brandes und Apsel, S. 140–145.

Netzwerk Leichte Sprache (2015): Leichte Sprache. URL: http://www.leichte-sprache.org/index.php/startseite/leichte-sprache [letzter Zugriff: 17.09.2015].

Neuhaus, K. (o.J.): Alle Kinder lernen lesen. URL: http://www.songtexte.com/songtext/klaus-neuhaus/alle-kinder-lernen-lesen-6bfcee26.html [letzter Zugriff: 17.09.2015].

Nunner-Winkler, G. (2007): Frühe emotionale Bindung und Selbstbindung an Moral. In: C. Hopf/G. Nunner-Winkler (Hrsg.), Frühe Bindungen und moralische Entwicklung. Aktuelle Befunde zu psychischen und sozialen Bedingungen moralischer Eigenständigkeit. Weinheim: Juventa, S. 177–202.

Otremba, K. (2013): Kinder mit Migrationshintergrund in der Bevölkerung. In: M. Cinar/K. Otremba/M. Stürzer/K. Bruhns (Hrsg.), Kinder-Migrationsreport. Ein Daten- und Forschungsüberblick zu Lebenslagen und Lebenswelten von Kindern mit Migrationshintergrund. München: Deutsches Jugendinstitut, S. 14–22.

Pinkney, S. L. (2000): Shades of Black. New York: Scholastic.

Prengel, A. (2006): Pädagogik der Vielfalt. Verschiedenheit und Gleichberechtigung in Interkultureller, Feministischer und Integrativer Pädagogik. 3. Aufl. Wiesbaden: Verlag für Sozialwissenschaften.

Reich, H. (2009): Zweisprachige Kinder. Sprachaneignung und sprachliche Fortschritte im Kindergartenalter. Münster: Waxmann.

Ringold, F. (1999): If a Bus Could Talk. The Story of Rosa Parks. New York: Aladdin.

Rogers, C. R. (1983): Die klientenzentrierte Gesprächspsychotherapie. Client-Centered Therapy. Frankfurt am Main: Fischer Taschenbuch.

Roth, X. (2010): Handbuch Bildungs- und Erziehungspartnerschaft. Zusammenarbeit mit Eltern in der Kita. Freiburg im Breisgau: Herder.

Rothweiler, M./Ruberg, T. (2011): Der Erwerb des Deutschen bei Kindern mit nichtdeutscher Erstsprache. Sprachliche und außersprachliche Einflussfaktoren. München: Deutsches Jugendinstitut.

Rotner, S./Kelly, S. (2009): Shades of People. New York: Holiday House.

Sachverständigenrat deutscher Stiftungen für Integration und Migration (2014): Kitas als Brückenbauer. Interkulturelle Elternbildung in der Einwanderungsgesellschaft. Berlin. URL: https://www.stiftung-mercator.de/media/downloads/3_Publikationen/SVR_Kitas_als_Brueckenbauer_2014.pdf [letzter Zugriff: 17.09.2015].

Sekretariat der Ständigen Konferenz der Kultusminister der Länder in der Bundesrepublik Deutschland (1996): Interkulturelle Bildung und Erziehung in der Schule. (Beschluss der Kultusministerkonferenz vom 25.10.1996 i. d. F. vom 05.12.2013): URL: http://www.kmk.org/fileadmin/veroeffentlichungen_beschluesse/1996/1996_10_25-Interkulturelle-Bildung.pdf [letzter Zugriff: 17.09.2015].

Sen, A. (2007): Die Identitätsfalle: Warum es keinen Krieg der Kulturen gibt. 3. Aufl. München: C. H. Beck.

Staatsinstitut für Frühpädagogik (2015): Elternbriefe. URL: http://www.ifp.bayern.de/veroeffentlichungen/elternbriefe/index.php [letzter Zugriff: 17.09.2015].

Sturzbecher, D./Großmann, H. (Hrsg.) (2003a): Soziale Partizipation im Vor- und Grundschulalter. Grundlagen. München: Ernst Reinhard.

Sturzbecher, D./Großmann, H. (Hrsg.) (2003b): Praxis der sozialen Partizipation im Vor- und Grundschulalter. München: Ernst Reinhard.

Sturzbecher, D./Grundmann, M. (2001): Vorschulkinder als unsichere Informationsquelle – alte Klischees und neue Perspektiven. In: D. Sturzbecher (Hrsg.), Spielbasierte Befragungstechniken. Interaktionsdiagnostische Verfahren für Begutachtung, Beratung und Forschung. Göttingen: Hogrefe, S. 37–50.

Tracy, R. (2007): Wie Kinder Sprachen lernen. Und wie wir sie dabei unterstützen können. Tübingen: Francke.

UNHCR. The UN Refugee Agency (2015): Abkommen über die Rechtsstellung der Flüchtlinge vom 28. Juli 1951. Protokoll über die Rechtsstellung der Flüchtlinge vom 31. Januar 1967. URL: http://www.unhcr.de/fileadmin/user_upload/dokumente/03_profil_begriffe/genfer_fluechtlingskonvention/Genfer_Fluechtlingskonvention_und_New_Yorker_Protokoll.pdf [letzter Zugriff: 17.09.2015].

Vanderheiden, E./Mayer, C.-H. (Hrsg.) (2014): Handbuch interkulturelle Öffnung. Grundlagen, Best Practice, Tools. Göttingen: Vandenhoeck & Ruprecht.

Verband binationaler Familien und Partnerschaften iaf e.V. NRW (Hrsg.) (2005): WeltkinderSpiele. Interkulturelle Materialien und Ideen für den Alltag mit Kindern. Bonn.

Wagner, P. (Hrsg.) (2013): Handbuch Kinderwelten. Vielfalt als Chance – Grundlagen einer vorurteilsbewussten Bildung und Erziehung. Freiburg im Breisgau: Herder.

Weinberger, S. (2004): Klientenzentrierte Gesprächsführung. Lern- und Praxisanleitung für Personen in psychosozialen Berufen. 9. Aufl. Weinheim: Juventa.

Welsch, W. (1996): Grenzgänge der Ästhetik. Stuttgart: Reclam.

Weltgesundheitsorganisation WHO (2011): Überarbeitete Trinkwasserleitlinien veröffentlicht. URL: http://www.euro.who.int/de/health-topics/environment-and-health/water-and-sanitation/news/news/2011/07/revised-drinking-water-guidelines-issued [letzter Zugriff: 17.09.2015].

Wikipedia (2015): Essbesteck. URL: http://www.ammanu.edu.jo/wiki1/de/articles/e/s/s/Essbesteck.html [letzter Zugriff: 17.09.2015].

Winker, G./Degele, N. (2010): Intersektionalität: Zur Analyse sozialer Ungleichheiten. Bielefeld: Transcript.

Wippermann, C./Flaig, B. B. (2009): Lebenswelten von Migranten und Migrantinnen. In: Aus Politik und Zeitgeschichte 5/2009, S. 3–11.

Ablaufplan für Teamgespräche

I. Mit den „Praxisbeispielen" arbeiten • Im Fokus: Die Situation

Vorbereitung • Teamgespräche langfristig planen • Zeiteinheiten nicht zu umfangreich festlegen, besser öfter eine Einheit einplanen • Moderator/Moderatorin vorab bestimmen (z.B. in der Sitzung zuvor)	**Beachten** • Ausgangspunkt: **Praxisbeispiel** in der Handreichung • Konfliktsituation spielt sich zwischen Menschen ab • Es geht nicht um „konflikthafte Menschen"
Anfragen • Praxisbeispiel aus der Handreichung vornehmen	**Beachten** • Alle können zu Wort kommen • Moderationskarten liegen bereit • Die festgelegte Zeit wird eingehalten
Diskussion • Text „Praxisbeispiel" liegt allen schriftlich vor Vorlesen des Praxisbeispiels • Diskussion des Praxisbeispiels • Gedanken in Stichworten auf Moderationskarten notieren • Moderationskarten in die Mitte legen • Widersprüchliche Stichworte nebeneinander stehen lassen	**Mögliche Leitfragen** • Wie handeln die Personen im Praxisbeispiel und was fühlen sie? • Was hilft mir, das Fühlen und Handeln der Personen zu verstehen? • Wie wird die Situation im Team unterschiedlich gedeutet? **Beachten** • Wie hat man als Fachkraft in einer ähnlichen Situation vielleicht schon gehandelt oder wie würde man handeln? • Es geht nicht um „richtig oder falsch", sondern um die Vielfalt der Perspektiven, die im Team vorhanden sind
Reflexion • Bildung von Zweiergruppen • Reflexion des Praxisbeispiels lesen und diskutieren	**Mögliche Leitfragen** • Welche Ideen im Text sind mir bereits vertraut? • Welche Ideen im Text sind für mich neu?
Abschluss • Vorstellung der Kleingruppengespräche im Plenum • Evtl. Ergänzung der Karten in der Mitte um weitere Stichworte • Blitzlicht-Runde: „Was nehme ich aus dieser Teambesprechung mit in den Kita-Alltag?" • Kartensammlung fotografieren und an das Protokoll anhängen	
Ziel • Alltagssituationen aus mehreren Perspektiven beleuchten • Erweiterung der Sichtweisen und der Handlungsoptionen	
Weiterführung • Praxisbeispiele aus dem eigenen Kita-Alltag einbringen (Irritationen oder Konfliktsituationen) • Wie könnte die Situation verändert werden? • Festhalten, wer Schritte zur Veränderung konkret in die Hände nimmt • Bericht über vorläufige Ergebnisse in der nächsten Teamsitzung	

Ablaufplan für Teamgespräche

II. Mit den „konstruktiven Entwicklungsmöglichkeiten für die Praxis“ arbeiten • Im Fokus: Das Thema

Vorbereitung • Teamgespräche langfristig planen • Zeiteinheiten nicht zu umfangreich festlegen, besser öfter eine Einheit einplanen • Moderator/Moderatorin vorab bestimmen (z.B. in der Sitzung zuvor)	**Beachten** • Ausgangspunkt: **Qualitätsmerkmale** und Bezug zum **Orientierungsplan** • Entwicklung von Vielfaltssensibilität • Thematisierung der kulturellen Vielfalt in der Erziehungs- und Bildungspartnerschaft mit Eltern • Alltag unter Vielfaltsaspekten diskriminierungsfrei gestalten
Anfangen • Qualitätsmerkmal und dessen Bezug zum Orientierungsplan vornehmen	**Beachten** • Alle können zu Wort kommen • Moderationskarten liegen bereit • Die festgelegte Zeit wird eingehalten
Diskussion • Diskussion über das Qualitätsmerkmal und dessen Bezug zum Orientierungsplan • Gedanken in Stichworten auf Moderationskarten notieren • Moderationskarten in die Mitte legen • Widersprüchliche Stichworte nebeneinander stehen lassen • Aufteilung der Unterpunkte aus den „konstruktiven Entwicklungsmöglichkeiten“ auf Zweiergruppen	**Mögliche Leitfragen** • Wie interpretiere ich die Anforderungen aus Qualitätsmerkmal und Orientierungsplan? **Beachten** • Qualitätsmerkmal und Orientierungsplan (s.o.) beziehen sich aufeinander und erheben einen Anspruch an die professionelle Arbeit in Kitas • Es geht nicht um „richtig oder falsch“, sondern um die Vielfalt der Perspektiven, die im Team vorhanden sind
Reflexion • Jede Zweiergruppe bearbeitet je einen der Unterpunkte aus den „Entwicklungsmöglichkeiten“ • Überlegung zu den „konstruktiven Entwicklungsmöglichkeiten für die Praxis“	**Mögliche Leitfragen** • Welche Ideen im Text sind mir bereits vertraut? • Welche Ideen im Text sind für mich neu?

Abschluss
- Vorstellung der in den Kleingruppengesprächen behandelten „Entwicklungsmöglichkeiten“ im Plenum
- Evtl. Ergänzung der Karten in der Mitte um weitere Stichworte
- Blitzlicht-Runde: „Was nehme ich aus dieser Teambespechung mit in den Kita-Alltag?“
- Kartensammlung fotografieren und an das Protokoll anhängen

Ziel
- Verbreiterung der Basis für konstruktive Entwicklungsmöglichkeiten
- Einübung einer professionellen Haltung der „Multiperspektivität“
- Einschätzung, wie vielfalts- und kultursensibel in der Praxis tatsächlich gearbeitet wird

Weiterführung
- Themenpool mit allen Veränderungswünschen der Teammitglieder anlegen (Poster, Datei u.a.)
- Themenpool ist Grundlage für die weitere Themenwahl (Beteiligung, Abstimmung)
- Festhalten, wer Schritte zur Veränderung konkret in die Hand nimmt
- Bericht über vorläufige Ergebnisse in der nächsten Teamsitzung